INFO3 VERLAG

Hans Bartosch

Was noch erzählt werden muss

Zeitgeschichte am Krankenbett

FSC
www.fsc.org
MIX
Papier aus verantwortungsvollen Quellen
FSC® C083411

Bibliographische Information der Deutschen Nationalbibliothek
Die Deutsche Nationalbibliothek verzeichnet diese Publikation in der Deutschen Nationalbibliographie; detaillierte bibliographische Daten sind im Internet über http://dnb.ddb.de abrufbar.

ISBN 978-3-95779-086-6

Erste Auflage 2018

Satz und Umschlag: Frank Schubert, www.frankundfrei.me

Druck und Bindung: CPI books, Leck

Hans Bartosch

Was noch erzählt werden muss

Zeitgeschichte am Krankenbett

INFO3 VERLAG

Inhalt

Vorbemerkung: Stichwort Seelsorgegeheimnis

Die hier erzählten Geschichten sind mit ganzer Seele erzählt worden und passiert und so gut wie möglich gehört worden. Sie sind nun auch so gut wie möglich und so komplex wie möglich verfremdet worden, damit die Erzählenden und das Erzählte seelisch und sorgend geschützt bleiben. Vertrauliche Angelegenheiten landen ohnehin nicht im Seelsorgetagebuch.

Alle Geschichten dieses Tagebuchs sind wahr und wahrlich nicht erfunden, aber – so weit irgend möglich – mit dem Mantel eines seelsorglichen Schutzes versehen worden, um ihr Allgemeinmenschliches weiterleben zu lassen.

Nicht nur die Namen wurden anonymisiert, sondern die Geschichten soweit verfremdet, dass Atmosphäre, Gehalt und Botschaft relativ genau stimmen, die sogenannten äußeren Umstände aber mehrfach verändert wurden – aus den notwendigen und stets hoch und heilig zu haltenden Maßgaben des Seelsorgegeheimnisses heraus.

Aus den deutschen Zwischenräumen

Mittwoch 26. Juni 2013

Herr P. begrüßt mich begeistert als Pfarrer. Er ist etwa 40 Jahre alt.

Er muss mir etwas vorlesen. Ob ich Paolo Coelho kennen würde?

Ich nicke, was er zum Anlass nimmt, mir mit besonderer Betonung ein ganzes Kapitel vorzulesen.

„So mit der Kirche bin ich ja nich'. Muss ich ja auch nich', is ja alles hier drinne."

Er zeigt strahlend auf sein Herz.

Soll ich Herrn P. korrigieren, dass es etwas gäbe, das größer als unser Herz ist? Kurz gebe ich dieser Versuchung nach, merke aber unmittelbar, dass dies komplett frustral wird. Ich kann mich jetzt entscheiden: Betrübt kann ich werden über so viel Verwässerung des vertrauten Glaubensschatzes. Oder ich kann staunen, welche Wege *Gott Heiliger Geist* neben den Hauptströmen erschließt. Dass tätowierte Bauarbeiter begeistert mystische Bücher vorlesen im Krankenhaus – selbstbewusst auch vor den Ohren eines sichtlich un-mystischen Nachbarn.

Donnerstag 27. Juni 2013

Der junge Eisenbahner, Herr A., wirkt betrübt, in sich gekehrt:

„Bin ja fast een Jahr raus jetzt. Hab‘ so jern die Lok jefahrn, Mensch. Geht jetzt nich‘, von wejen dem Sch …bein. So ein Leben ohne Arbeit is panne. Hängste rum, kriegste nur Streit mit allen.“

Zehn Minuten später, nach einem Gespräch mit seinem Bettnachbarn, dreht er nun den Spieß um und wendet seine Fragen jetzt an mich:

„Ich hab mal ‘ne Frare. Wieso hörn Se sich dit den janzen Tag an?“

Mmh, tja…wieso? Wieso höre ich mir „das den ganzen Tag an?“ Weil ich ihm helfen will? So ein Blödsinn! Da sind vor allem die ärztlichen und pflegerischen Kolleginnen und Kollegen gefragt. – Weil ich ihn unterstützen will? Das kann nur sein Arbeitgeber oder die Kollegin Sozialarbeiterin. – Weil ich (im seelsorglichen „Neusprech“:) „bei ihm“ sein will? Noch blödsinniger. Da sind seine Frau und seine Freunde gefragt. – Ich weiß nicht, was ich Herrn A. geantwortet habe. Und ich weiß auch nicht, wie ich seine Reaktion empfunden habe. Ich weiß nur, dass mir einmal mehr die Frage nachgeht, wozu ich das mit der Seelsorge eigentlich mache.

Montag 1. Juli 2013

„Herr Bartosch, ich hab‘ da mal ‘ne Frage.“

Der Pflegeschüler bleibt scharf bremsend mit seinem Krankenbett neben mir stehen.

„Ich war in Bayern im Urlaub. Und da sind doch so Steinheilige, so Maria und so. Der wollte ich nen Schal vom SC Magdeburg umhängen. Meine Freundin sagte: ‚Lass das, die lynchen uns sonst.' Stimmt das? Hätten die gelyncht? Und Sie, wären Sie sauer geworden? Ich mein', ich wollt' das mit dem Schal total nicht als Verarsche machen. Mir war das richtig ernst."

Dienstag 30. Juli 2013

Frau G. macht keinen Hehl aus ihrer hohen Stellung während der DDR-Zeit und einem Leben ohne Kirche.

„Ach ja, Kirche ... aber lassen Se mal, Herr Pfarrer, dit is jut, dat ihr dat mit de Jerechtichkeit immer predicht. Nee, dit is jut. Ham wer euch früher für bekloppt jehalten für. So mit Opium un' so. Ick war bei uns im Kreis für de Planung zuständig und hab' dauernd Quoten fälschen müssen. Ham wer 2000 Schuhe jenäht, mussten wer immer 3000 schreiben. Bis ick dem Sekretär bei 'ner Rundfahrt durch unsern Kreis jesacht hab':

‚Eenet Taret werden unsre Kinder uns dafür scharf verurteiln.'

‚Mensche, pass up, wat de sachst.'

‚Quatsch, is doch de Wahrheit. Und selbs' wenn bei uns im Wartburg jetze ne Wanze drinnesteckt un' se uns beide hops nehmen, die Kinder, die werden uns fraren.'

Un' wissen Se, die fraren uns det doch wirklich. So wie ja auch wir dit vor Jahrn jelernt ham mit dem Antifaschismus, war doch Mode, sojar de eijnen Eltern mussten wer immerzu aushorchen wejen früher un' so. Un heute? Heute fraren die Kinder uns.

Aber ooch, wieso wir det so ham loofen lassen mit de Treuhand. War ick damals 91 im Futtermaschinenbetrieb, und war ick dann Betriebsleiter. Ham Se den Laden zunächst an den Engländer verjückt. Und der hat Betriebsferjen verordnet und mir ne schöne Reise nach Spanjen jeschenkt. War ick so doof und hab' det mitjemacht.

Denn, wissen Se, wat dann kam? Kam ick von Spanjen zurück. War de janze Halle leerjeräumt. Nixe mehr drinne, nur en paar doofe Krümmel. Der Rest war in sonstewo. Und da fraren unsere Kinder heute, wie wir da so blöd waren.

Na, und noch was. Ooch de Enkel werden fraren tun. So mit de Umwelt un' so.

Wie wer dette allet ham zulassen können. Die Grünen find icke ja ballaballa, so mit kleene blöde Vöjel schützen un' so. Aber die Umwelt, det Wetter, det fällt uns doch heut' schon uff de Füße. Najut, da macht ihr als Kirche ooch nüschts. Aber immerhin, ihr sacht dat ehrlich, dat mit de Jerechtichkeit."

Freitag 2. August 2013

Immer wieder Tage, an denen pastoralvisitierende Seelsorge „vor die Pumpe flitzt". Manchmal häuft es sich: „Tach", sagt der ältere Herr, reicht mir widerwillig die Hand, hält auch nach drei höflichen Nachfragen die Mauer der spürbaren Ablehnung hoch, gähnt – und schaltet rülpsend den Fernseher an.

Mitten in die Gesprächsanbahnung mit Herrn G. flitzt türaufreißend Schwester L., stürzt zum Bett und ruft:

„Ich wollt' nur mal gucken, ob Ihr Urinfläschchen sitzt, Herr G."

Dann hebt sie die Bettdecke und ruft entsetzt:

„Der Schniedel ist ja gar nicht in der Flasche!"

Im nächsten Zimmer gebricht es weniger an der urologischen Kompetenz einer Krankenschwester als an der kommunikativen einer hoch engagierten Ehrenamtlichen:

„Hach, ich will gar nicht stören. Aber, wo ich schon mal hier bin … ", poltert sie in die ersten Sätze eines Gesprächs mit Patientin M. hinein.

Und, eine Etage höher:

Frau T. lässt nach meiner Begrüßung dermaßen grinsend „einen fahren", dass sie selbst überglücklich ist, damit dem Pfarrer lautmalerisch einzigartig darlegen zu können, was sie von Kirche hält.

Eine pastoralvisitierende Seelsorge muss mit solchen Fürzen, Störungen und „Pumpen" rechnen.

Was will der Pfarrer von mir?

Mittwoch 6. November 2013

„Aha, der Herr Pfarrer! Was will er von mir?“

Die Begrüßung durch den alten, schwerstkranken Herrn B. ist klar konfrontativ.

Aber er streckt die Hand aus, direkt an der Bierflasche vorbei, die an seinem Nachtschränkchen steht.

„Vorbeikommen, einen Gruß sagen, Ihre Bierflasche segnen“, rutscht es mir spontan über die Lippen.

Er lacht.

„Wenn Sie meinen, einem absolut atheistischen Menschen dies antun zu müssen.“

„Ach, antun muss ich Ihnen gar nichts. Die Zeiten sind vorbei.“

„Verstehe. Und Antworten haben Sie ja auch nicht.“

„Antworten worauf?“

„Woher wir kommen und wohin wir gehen.“

„Doch, Antworten habe ich schon. Aber … mindestens genauso viele Zweifel. Und dass das Ganze hier auch ein Rätsel, ein Geheimnis ist, das sehe ich wohl ähnlich wie Sie.“

„Woher wissen Sie, dass ich das so sehe?“

„Naja … könnte doch sein. Oder wieder anders?“

„Nein, nein, Rätsel und Geheimnis, das ist schon wahr …“

Er trinkt einen Schluck Bier, Genuß auf einer der letzten seiner irdischen Wegstrecken, alles andere als ein grölender Typ, aber auch kein Typ „stiller Schlucker“.

„Ich bin gewissermaßen Forscher. Und … ich weiß immer mehr, dass ich nichts weiß.“

Es folgt eine kleine (feine) Exkursion in die Quantenmechanik und in die Erlebnisschilderung eines Kosmonauten.

„Herr B., darf ich fragen, was Sie beruflich gemacht haben?“ Mich interessieren seine Hintergründe. Die Antwort ist im besten Sinne ostdeutsch:

„Schlosser. Ich war immer Schlosser. Aber das war halt so eine Grundlage. War auch schön. Liebknechtwerk … Hat mich aber nicht abgehalten, mir meine eigenen Gedanken zu machen.“

„Und Ihre Familie?“

„Alle tot.“

„Alle?“

„Na ja, einen Sohn hab‘ ich noch und ‘ne Schwiegertochter. Sind die Blumen von. Die Lilien da.“

Er zeigt zum Nachtschrank.

„Und nun frag ich Sie, wie kommt es, dass die Lilie hier bei mir ist und nirgendwo anders. Und dass ich sie sehe.“

„Und schön finden tun Sie sie auch.“

„Jetzt komm mir nicht mit Freude an kleinen Dingen, Pfarrer. Da steh‘ ich nicht drauf.

Aber davon mal ab, die Lilie, doch … schön ist die schon. Samt der Flecken, die der Blütenstaub macht. Kannste rubbeln wie Paul, gehn nicht raus…“

Er lacht.

„Ja, und genauso ist doch das Leben", antworte ich halb amüsiert, halb irritiert.

„Genauso, genauso! Prost, Pfarrer!"

Er richtet sich ächzend auf, kommt mir langsam und nach Luft ringend mit seinem Knöchel entgegen.

Spontan erwidere ich selber mit Knöchelgruß.

Beide lächeln wir, vielleicht etwas schief, aber ein Lächeln ist es auf jeden Fall.

An der Türschwelle registriere ich, dass ich in den gerade abgelaufenen Minuten feuchte Augen bekommen habe.

Freitag 8. November 2013

Es erfolgt mal wieder eine Schilderung, um wie viel schöner die DDR doch gewesen sei samt ihren Arbeitsbedingungen. Zwei Männer, der eine Mitte 50, der andere Mitte 60, orthopädische Station. Da entrutscht mir ein „So?"

Vielleicht, so mochte es mir später erscheinen, hatten sie fast auf ein Stichwort, ein Nachfragen, ein Nachhaken gewartet:

„Mensch, sin' wer mal ehrlich! Et gob doch nacher fast nüchsts mer. Standste dumm rum uff de Baustelle.Hattste mal det nich' oder hattste mal jet nich'."

„Und freitags um eins machte jeder seins. Wann jabet de meisten Werktät'chen? Na, samstags um achte, warn se alle mit der Stulle unnerwechs, un' eene Baustelle nach der annern. Janze Datschenkoloni'n ham wer uffjebaut. Fünfjoarespläne … in fünf Joarn stand de Koloni un' war blitzeblank."

„Jut, oft stand'n, in de Betriebe, oft stand'n da dreie rum, un' nur eener hat jearbeit.

Entweder musst'n de zwei noch 'n Rausch abhauchen. Oder, dit war halt oft so, jabet eenfach nüschsts zu tun. Jut, jab Taare, da hetste Stress von morjns bis nachmittachs jehabt, oder sojar bis aams von wejen der Übererfüllung un' de Weihnachtsprämje."

„Na, weeste, ick hab mer oft jenuch an de Kopp jepackt. Warn wer doch'n intellijentes Volk in de' DDR. Un' fleißig ooch. Im janzen Ostblock warn we de Preussen. Vor allm de Tschech'n, de ham det janz schön raushängn lassen, wie blöd wer eijentlich sei'n. Allet Streber.

Det Blöde war, wer mussten in de' DDR doch Reparationen ohne Ende schieben, nachert hieß det'n bisschen anders, war aber det selbe. Und all de Schichten für'n Westexport! Nur, um det allet da zu bezaaln, de Horch un' Guck un so.

Det is uns allet uff de Füße jefalln, de' janze Apperaat un de Apperatschiks.

Denn eijntlich ham de Menschen zwischen Erzjebirgje und Ostsee, eijentlich warn de janz schön pfiffig."

„Na, un' denn, nach de' Wende, da musst'n wr janz schnell lern'n, dat wer mit viel'm janz von vorn musstn anfang'n."

„Jut, aber det ham wer dem Weste jetze voraus. Flexibel, dynamisch, *det* ham wer druffe!"

Alle Jahre wieder

Dienstag 31. Dezember 2013

Herr L., Patient der Palliativstation und Ende 50, hat mit großer Unbedingtheit das Heilige Abendmahl bestellt. Noch vor dem Jahreswechsel. Er zählt zu den Menschen, die das Leben äußerlich nicht unbedingt verwöhnt hat. Dennoch: Ein stiller, dankbarer Mensch. Mit seinem Leben hat er abgeschlossen. Seit einigen Jahren empfindet er sich als stark religiös. Wir kennen uns nun schon seit geraumen Wochen. Daher löst mir sein Abendmahls-Begehren unruhige Gefühle aus. Gerade weil heutzutage so selten das Abendmahl gewünscht wird, und ich selber in meiner Theologengeneration mich schwer tue, das Abendmahl offensiv anzubieten.

Am Vortag hat er mich zu sich gerufen. Er will nur mit mir eine Vereinbarung, dass ich Silvester mit dem Abendmahl komme. Alle anderen Fragen nach seinem Ergehen, oder gar nach seiner Lebensgeschichte: alles jetzt nicht mehr wichtig, stattdessen fällt dreimal der Satz:

„Und morgen Nachmittag kommen Sie dann wirklich, Herr Pastor?“

Dieser Satz versetzt mich in merkwürdige Unruhe.

Was jetzt kein Katholik lesen darf: Vor der Kirche, mit den frisch aus der Sakristei geholten Oblaten, fällt mir das kleine silberne Gefäß auf den Boden. Es springt auf.

Ein Windstoß, und zwei der hauchdünnen Oblaten treiben quer über den Platz. Der Leib Christi ...

Mit zwei neuen Oblaten feiern Herr L. und ich dann das Heilige Abendmahl. Auf der Palliativstation.

Zwischen Tablettenschachteln, Kopfhörern, Perfusoren, Zuleitungen.

Dazu nicht mehr als ein kleines Tischtuch, ein Stehkreuz, die Gefäße für die Oblaten und den Saft als Frucht des Weinstocks.

Im Ganzen eine Situation fast ohne Worte:

Eine Begrüßung.

Die Worte und Gebete des Rituals und Sakraments.

Eine Verabschiedung.

„Bis die Tage, Herr L.", sage ich, recht ratlos.

„Vielleicht", haucht Herr L.

Darauf weiß ich nicht mehr viel zu sagen, winke noch einmal von der Zimmertür. Er winkt zurück.

Drei Tage später ist Herr L. verstorben.

Donnerstag 3. Januar 2014

Die junge Frau arbeitet als Gastwirtin. Das wäre sparsam formuliert. Eher: Mit allen Fasern ihres Lebens wähnt sie sich glücklich, ihr Leben als Gastwirtin führen zu dürfen. Nun hat sie massiv „Rücken".

„Ich hab' nur jeplackert, nur noch jeplackert de janzen letzten Joahre.

De Gastwirtschaft bei uns in Biederitz läuft total jut.

Aber eben fast je'en Abend, bis de letzten Jäste nach Hause machen.

Und een Catering nach'm andern, fast jedet Wochenende.

Jut, dann kam noch de Flut und hat 'n Strich durch ne Menge Rechnung'n jemacht, ausjerechnet in der Sommersaison.

Und wissen Se, … manchet is' bei uns so'n Beruf so wie bei Ihnen.

Du musst oft janz schön zuhör'n könn'n.

Vor allem ab'ns später am Tresen.

Vor allem de Männer.

Die saren dann Dinge, da kneifste Dich am annern Morjen.

Und det mein'n die ohne Anbaggern, noch nich' ma Lamento.

Menschens, un' irnswie jehn de devon us, dat de de Klappe hälts.

Det mit'm Klappehalten, det machen de noch nich' mal zum Thema, selbs' 'n paar Taare später nich', wenn wer uns bei'm Edeka an de' Kasse treffen."

Ich ahne.

Frau G. hat tatsächlich eine Ausstrahlung und eine Energie, dass ich sie gerne gleich in einen Seelsorgekurs schicken würde.

Mittwoch 9. Januar 2014

„Wie jetz', watt woll'n Se wissen?"

Herr P. schaut mich mit starren Gesichtsmuskeln an.

„Ach, ich will Sie einfach mal begrüßen als der Pfarrer und Seelsorger hier. Und mal hören, wie es Ihnen so geht."

„Und?"

„Wie: und?"

Ich bekomme allmählich kalte Füße.

„Na, Sie sin' doch hier der Seelenfritze. Sie müssen doch wissen, wie et mir so jeht."

Ich versuche es mit letztem Schwung humorvoll:

„Na, in Ihr Herz kann ich auch nicht automatisch schauen."

„Nee, ick bin ja auch mehr so mit'n Antichrist un' so."

„…?"

„Na, kieken Se ma' nich' so. Ick jloob mehr so an'n Antichristen."

Donnerstag 10. Januar 2014

Wie Gott Heiliger Geist unerbittlich fügt, trifft man sich im Leben oft unverhofft zum zweiten Mal. Einen Tag später also treffe ich Herrn P. in einer anderen Station, einem anderen Zimmer.

Herr P. ruft in mir auf der Stelle eine ziemliche Mischung aus Aggression und gleichzeitig, wie ich mich selber wundere: Sympathie hervor. Aha; scheinbar wollen und sollen wir beide unsere Kräfte messen. Diese Erfahrung mache ich immer wieder – und finde das Bild vom „Kräftemessen" mittlerweile erheblich hilfreicher als die klassischen seelsorglichen Worte vom „Verstehen" oder gar „Begleiten", auf welche Herr P. vermutlich sofort seinen gesamten „Antichrist-Kartensatz" ziehen würde …

Beim Kräftemessen dagegen, samt aller dazugehörigen Knüffe, Flapsigkeiten und Herausforderungen geschieht es nicht selten, dass Achtung und Respekt aufsteigen, fast leiblich.

Am Ende:

„Jut, Herr Seelsorjer, Se müssen weiter. Überzeucht ham se mich nich'.

Ick bleib bei mei' m Antichrist. Aber machen Se't jut."

Ich würde sagen: Eins zu eins ist dieses Kräftemessen ausgegangen.

Freitag 11. Januar 2014

„Ach so, aus dem Westen sind Sie … "

Auf einmal kommt das bis dahin sehr freundliche Gespräch mit Frau N. ins Stocken.

Die freundliche Mittsechzigerin auf der Inneren Station schaut mich streng an.

„Haben Sie schlechte Erfahrungen mit Westdeutschen gemacht, Frau N.?"

„Na ja, *viele*."

„Oh, das tut mir leid. Und welche?"

„Na ja … mein Mann, der war neulich beruflich in Holland. Und hat Westdeutsche getroffen. Haben die ihn nach dem dritten Bier gefragt, ob er froh sei, jetzt nach der Wende nicht mehr dauernd russisch sprechen zu müssen. Als ob wir in der DDR nur immerzu haben russisch sprechen müssen!!!"

„Das waren möglicherweise Menschen, die leider weder die DDR noch das heutige Ostdeutschland kennen oder kennen wollen."

„Sehen Sie!! Und davon gibt es *viele*."

„Naja, drum ist es ja gut, wenn es sich jetzt ein wenig mischt im Lande."

„*Mischt*!?! Alle Minister im Osten, fast, alle sind aus dem Westen."

„Und … Bundeskanzlerin und Präsident kommen derzeit aus dem Osten."

„Die sind nicht echt!"

Blühende Landschaften

Dienstag 22. April 2014

„Alles muss immer klappen. Das ist mein Lebensmotto."

Der ältere Herr hat mehrere Schlaganfälle erlitten. Er stottert, er zittert; seine Augen können den Blick nicht richten. Und zugleich strahlt er mit allen Poren Präsenz aus.

„Alles muss immer klappen. Auch wenn mein Leben jetzt bald zu Ende ist. Nein, nein, lassen Sie mal ... das ist so mit dem Lebensende."

Kein depressiver Zug um seinen Mund, ein wenig Wehmut, ein wenig Weltschmerz, vor allem ein ungewöhnlich un-harter Realismus.

„Ich bin Naturwissenschaftler, durch und durch. Und habe mich hochgearbeitet.

Sicherheitstechnik in der Chemie, Bitterfeld, Fahlberg-List, Stickstoff Piesteritz, ich war überall. Die Wende war kein wirklicher Einschnitt für mich. Habe mich sofort selbständig gemacht.Hatte zwar kein Vermögen, woher auch? 3500 Westmark, die legte ich auf den Banktisch. Und dann lief es und lief es und lief es.

Ein paar Jahre später hatte ich drei Dutzend Mitarbeiter, alles Spezialisten.

Und BASF und Bayer, die wollten mich kaufen. Wegen meiner ganzen Kontakte, natürlich auch nach Polen und in die Sowjetunion. Aber ich habe mir immer gesagt, Ost bleibt Ost. Bis heute.

Meine Tochter und mein Neffe, die haben vor fünf Jahren übernommen.

Lupenrein Ost. Drei Wirtschaftsminister waren auch schon bei mir in Schönebeck, schöne Fotos gemacht. Blühende Landschaften, ich habe immer dran geglaubt.

Und glaube auch heute noch dran. Gerade Magdeburg und seine Region, die haben jetzt alle Chancen.

Mein Schwiegersohn, der ist ja neulich aus der Kirche ausgetreten. Ließen nicht reden mit sich wegen Steuerkürzung, auf dem Kirchenamt. Da hat der kurzen Prozess gemacht, wobei es ihm zugleich leid tat. Und für die Kindernothilfe hat der gleich nen Dauerauftrag eingerichtet, locker zwei Tausender im Monat.

Egal, kann ihn verstehen, auch wenn es mir leid getan hat. Weil bis dahin waren alle in der Familie immer in der Kirche. Auch beim Atheismus. Ich sollte zwar damals in die CDU oder wenigstens in die LDPD. Da kamen die Genossen extra vorbei, in meinem Büro bei Fahlberg-List. Aber ich war zu beschäftigt.

So habe ich denen das gesagt damals. Sind die auch wieder weg. Und mir ist nichts passiert. Meiner Familie auch nicht.

Später wusste ich zwar, welcher Kollege in der ‚Firma' war, hat mich aber auch nicht gewundert. Der Schnüffler war der unbrauchbarste bei uns im Kollektiv gewesen. Später, Ende der Neunziger, habe ich sogar einen eingestellt, der in der ‚Firma' war, der war nicht ganz ein kleines Tier. Aber der war korrekt, hat gleich die Karten auf den Tisch gelegt.

Und nie mehr dummes Zeug geredet. Keine blöde Nostalgie gefahren. Der hat es geschafft, einen Strich unter alles zu ziehen und noch mal richtig von vorne anzufangen.

Ich bin Naturwissenschaftler, wie Sie wissen. Und da gilt, dass alles immer klappen muss. Hat man ja auch Verantwortung für viele Menschen, so mit Sicherheit und Chemie.

Naja … und vielleicht kann ich deshalb … vielleicht kann ich deshalb auch bald sterben. Weil … weil einfach so viel geklappt hat in meinem Leben, auch mit Familie, wunderbar alle, wunderbar. Da kann man seinem Herrgott doch einfach nur danken, wie … wie … wie, ja wie toll alles geklappt hat.

Und dann, jaja, dann … dann kann man auch einfach sterben, oder?"

Sonntag 27. April 2014

Wir fahren nach Marienborn. Das klingt sehr normal – und ist es auch. Die Regionalbahn bringt einen in einer halben Stunde von Magdeburg nach Marienborn.

Mit einem ganz normalen Fahrschein aus einem ganz normalen Automaten.

Und wir können dort ganz normal aussteigen.

Von der ehemaligen Grenzübergangsstelle sind nur noch ein paar vernagelte Schuppen und ein dreistöckiger Plattenbau zu sehen, der von Graffiti zusammengehalten wird.

Man kann diese Ruinen einfach links liegen lassen. Und dann in einen Ort gehen, den es wirklich gibt.

Früher, in Westjugendzeiten, begann für mich in Marienborn die „andere Welt", die von dort aus bis Wladiwostok reichte. Und die eigene, die westliche, die aus meiner damaligen Perspektive „erste“ Welt, endete genau vier Kilometer vor Marienborn, im niedersächsischen Helmstedt.

Dieser Ort Marienborn, den es wirklich gibt, lag natürlich so sehr im Sperrgebiet, dass Brüche und Beklemmungen noch heute nicht zu übermerken sind. Zugleich blühen die Bäume, schlägt die Kirchglocke, meckern die Ziegen.

Und es gibt ein uraltes Quellheiligtum, das dem Ort seinen Namen gab und noch heute, wie in einem Schaukasten zu sehen ist, zu überregionalen ökumenischen Zusammenkünften einlädt. Die Quelle Mariens, der Mutter Jesu.

Das Wasser schmeckt nicht besonders gut. Aber die Bäume am Born der Maria verströmen Kraft.

Mir fallen Patientinnen und Hospizgäste ein, welche aus den Dörfern um Marienborn herum stammen. Es waren Grenzer dabei und Transportpolizisten.

Auch Arbeiter und Ingenieure der dortigen LPGen, die sehr fruchtbaren Boden bearbeiten. „Es war früher ein Leben immer an der Grenze. Es war merkwürdig still.

Und es war kompliziert, weil Du nur immer ewig zum Rat des Kreises musstest, wenn mal einmal alle zwei Jahre die Tante aus Berlin kommen wollte.“

All dies fällt mir ein, als wir über eine einzigartige Kirschenallee und durch prächtige Eichenwälder nach Harbke laufen in der Mittagssonne.

In Harbke empfängt uns ein Schlosspark von einer solchen Pracht, die in Nordrhein-Westfalen mindestens drei große Busparkplätze und neun Kioske zur Folge gehabt hätte. In Sachsen-Anhalt hat sogar das kleine Cafe in der Orangerie erst ab Mai geöffnet.

In Harbke gab es bis vor 20 Jahren Braunkohletagebau. Auch hier fallen mir Gespräche mit Patientinnen und mit Hospizgästen ein.

„Det Ende von de‘ Jrube, dit war dit Ende von de‘ Republik. Da ham se immer jestand‘n, de Jrenztrupp‘n. Und ab en zu ham se ooch jeballert. Uff Kaninchen.

Oder um ze zeijen, dat de Jewehr ooch wirklich jelad‘n war.“

Das alles ist fast 25 Jahre vergangen.

Heute breitet der Harbker Schlosspark seine englische Schönheit aus. Die Frösche locken sich. Unfriede ist heute woanders. Jedenfalls nicht hier.

Auf dem Tisch des Hauses

Donnerstag 19. Juni 2014

„Wissen Sie, 89 war ich in Leipzig, war in der Ausbildung, und war immer schon in der Jungen Gemeinde." – So erzählt mir ein Angehöriger am Wohnzimmertisch unseres Hospizes, kaum dass wir uns begrüßt haben.

„Und dann kamen die Demonstrationen. War ich von Anfang an dabei. War die ganz große Zeit in meinem Leben. Obwohl … obwohl ich auch verdammt Angst hatte, *verdammmt* Angst. Haben wir uns voll abgesichert vorher, wen wir sofort anrufen, wenn wir wieder zurück sind von den Demonstrationen. Manche sind ja nicht zurück anfangs, aber die haben ihre Namen dann immer laut geschrien, bevor sie abgeführt wurden. Damals hat man schon ganz anders nachgehakt gegenüber den Staatsorganen als all die Jahre vorher, immer wenn welche für eine Nacht oder zwei abgeführt wurden. Wahnsinnig zusammengehalten, *waaahnsinnig* zusammengehalten haben da alle auf einmal. Und der Krenz hat ja damals immer von der ‚chinesischen Lösung' geschwätzt. Panzer auffahren und in die Demonstrationen ballern, so wie in Peking im Juni 89. Und nicht nur geschwätzt hat der. Gab ja eindeutige Pläne, wie später herauskam. Wir hatten daher wahnsinnig Angst, dass irgendwann die Panzer kommen. NVA oder die Russen, trotz Gorbatschow. Oder dass die Scharfschützen oben von den Dächern reinhalten in die Massen. *Wahnsinnige* Angst hatten wir. Und es war doch gleichzeitig so toll, so warm, so richtig.

Mein Bruder, der war in derselben Zeit bei der NVA, der wollte halt studieren, hatte er sich drei Jahre lang verpflichtet, obwohl der auch in der Jungen Gemeinde war. Später hat er erzählt, dass die alle voll abgeschottet wurden in den Kasernen. Und denen totaler Mist erzählt wurde, bevor sie nach Leipzig reinverlegt wurden als Bereitschaftskräfte. Das wussten wir ja auch alle, als Demonstranten. Daher waren wir total auf Verständigung aus zu den normalen Polizisten und Soldaten. Uns war doch klar, dass sie andererseits reihenweise IMs in die Friedensgruppen geschleust hatten. Das war die *eigentliche* Bedrohung. Aber es ist alles gut gegangen, alles, alles gut gegangen. Unglaublich, bis heute finde ich das unglaublich.

Mein Vati ist ja jetzt gestorben, ziemlich früh eigentlich. Aber er und die Mutti, die haben doch lange der DDR nachgetrauert. War ganz schön belastend für uns in der Familie, war immer wie ne Glocke. Manchmal konnte ich sie ja auch verstehen.

Aber oft auch nicht. Die hatten es doch auch gar nicht so schlecht nach der Wende, konnten ganz viel reisen. Waren aber trotzdem irgendwie immer, immer auf Abstand zu der neuen Zeit.

Und unsere Kinder? Für die ist das heute weit weg. Wollen gar nicht so viel davon hören, weder von der DDR noch von unserer Leipziger Revolution oder wie das hier damals war in Magdeburg mit den Friedensgebeten. Schade eigentlich aber vielleicht sehen die das in 20 Jahren auch wieder anders. War doch die einzige friedliche Revolution in Deutschland, bislang."

Sonntag 22. Juni 2014

Der alte Mann auf der Palliativstation, Herr L., gilt als demenzerkrankt.

Vor allem ist er verzweifelt.

„Pfarrer sind Sie? Ach, Pfarrer … Pfarrer … "

Er hält meine Hand, lässt sie dann fallen. Sein Kopf fällt wieder und wieder auf seine Brust. Sein schlohweißer Haarschopf wippt, scharfe Schulterknochen schieben sich unter dem verrutschten Nachthemd vor. Und immer wieder stößt er das Wort „Pfarrer" hervor, halb verwaschen, aber deutlich genug hörbar. Wie einen Suchruf. Oder wie ein ganz basales Zeichen-geben, dass überhaupt und wo er hier auf Erden gerade eben noch zu finden ist.

Noch einmal und immer wieder: dieses Wort, das wie „Pfarrer" klingt.

Fast fröstelnd für mich, so nahezu animalisch lautmalt er. Doch nein, es ist nicht „animalisch". Es kommt aus einer Tiefe, die mir kaum zu ermessen ist.

„Aus der Tiefe rufe ich zu Dir, Herr, höre meine Klagen." So scheint mir seine Seele zu beten.

Zehn Minuten geht es so. Sein Kopf liegt mittlerweile auf dem Nachttisch. Und immer wieder wiederholt seine Seele dieses, was so klingt wie „Ach, Pfarrer …"

So verharrt er auch, als ich ihm dreimal vorsichtig über sein Haupt streiche.

Aus der Tiefe … Ja, aus der Tiefe… Aus der Tiefe seiner Seele, auch meiner Seele.

Wie groß das Wort „Seele“ ist! Und wie reich das Geschenk des Wortes „Seelsorge“ ist. Noch lange bevor diese „Seelsorge“ irgend den Mund aufmacht.

Merkwürdigerweise heißt die Fachgesellschaft für Seelsorge und Beratung „Deutsche Gesellschaft für Pastoralpsychologie“.

Mittwoch 25. Juni 2014

„Ihr seid doch ‘n komischer Laden, die Kirche,“ werde ich von einem stämmigen 60-jährigen Herrn begrüßt. Ich mache mich auf die übliche Suada gefasst.

„Wissen Se, ick bin Bauarbeiter, Straßenbau, Zwölfstundenschichten, dajejen seid ihr ‘n merkwürdjer Laden.“

Gebe ich ja zu, denke ich. Habe aber trotzdem keine Lust heute auf Suaden.

„Det Blödste sinn eure janzen Kompleziertheiten. Det is bei uns im Dorf mittlerweile janz schön rund.“

Jaa … Und wie kriege ich jetzt die Kurve?

„Hörn Se ma, ick war vier Wahlperjoden lang im Jemeindekirchenrat …“

Huch! *Das* habe ich (mal wieder) nicht erwartet.

„Schon mein Vater und mein Jrooßvater war da drinne. Is‘ Ehrensache. Jehört sich so. Daher: Ick weiß, wovon ick redn tu. Wat mein’n Se, wie oft ick oben uffm Dach von der Kirche war? Kann ick jar nich‘ zähl‘n, wie oft ick da ruffjemacht hab'. Nach jedem Sturmschad'n. Wat'n Straßenbauer is', für den is' ooch ne Dachrinne ne Kleinichkeit, gloob ma! Und dann lieste danach immer von de' kirchlich'n Vorschriften. Mensche, is' det kompleziert allet. Und dann sollten wer da ooch so'n Leitbild un' so'n Zeuch machen. War Vorjaabe für'n Jemeindekirchenrat.

Wissen Se wat: *Mein* Leitbild is, dat det Dach von der Kirche hält. Damit det bei de' Konfermatjon nich' reinreechnet. Fünf Konfermand'n ham wer jehabt, vor vier Wochen, allein von unserm Dorf. Is doch dolle. Für die jing ick nächste Woche wieder uff et Dach."

Von A-Vermerk, Schraubenziehern und Kälbermord

Donnerstag 26. Juni 2014

„A-Vermerk henn ich jehabt, wenn Se wissen, was det is."

Herr G., wenige Jahre älter als ich, stützt sich auf seine Gehhilfen.

Er ist im internistischen Vierbettzimmer später dazu gestoßen, während ich mit seinen drei Mitpatienten schon im freundlichen Kontakt bin.

Aus meinen Augenwinkeln habe ich mitbekommen, dass Herr G. seine Augen hoch gerollt hat, als sein Bettnachbar ihm leise gesagt hat:

„Det is' der Pfarrer. Der hat jesacht, dat er jraad seine Runde durchs Haus macht."

Kaum sind allerdings Herrn G.s Augen wieder heruntergerollt, wirft er sich – und dabei ausdrücklich Gehhilfen-verstärkt – sofort ins Gespräch.

„A-Vermerk henn ich jehabt. Du bis' ja vom Westen, Pfarrer, det kennste nich', nen A-Vermerk."

„Ehrlich gesagt … "

„Na, euch von Westen erkenn' ich 200 Meter durche Nebelbank durch. Und det eben ooch wejen den A-Vermerk. Ich durft' doch immer nach 'n Westen. War Kraftfahrer.

Aber nie in de' Partei, dat de jetz nich' auf eure typ'schen Jedanken kommst. Aber eben A-Vermerk in de' Papiere, und dann jing et in Wartha an dr Grenzüberjangsstelle an de Werrabrücke, und dann 'rüber nach Kassel. Immer in'n Schlachthof. Hab' damals in Gotha für'n volkeijnen Betrieb jefahr'n. Und det jing immer Schweinhälften nach Kassel, zehn Jahre lang. Soll ick Ihnen mal wat saaren?"

Natürlich wartet er nicht auf Antwort. Er spricht immer genau 30 Grad neben mich.

Und seine Gehhilfen nimmt er dabei als eine Art rhetorischen Rammbock.

„Wir blöden DDR'ler, wir warn doch nich' doof!"

„Oh nein", entgegne ich sofort, „da rede ich jedes Mal dazwischen ... " Meine üblichen Einreden an westlichen oder östlichen Stammtischen interessieren ihn nicht.

Er will selber reden. Es muss selber aus ihm heraus.

„Wir blöden DDR'ler. Wir ham det doch raus jehabt. Ick konnt doch allet reparier'n. Bin ich uff de' Autobahn bei Kassel an de' Berje mal liejen jeblieb'n – gleich untern Waaren jeklemmt und jeschraubt. Fand ick im Papierkorb uff so'ne Westraste mal so'n Schraubendreher. Hatte jemand von'n Westen wechjeschmissen, bloß weil so'n bisschen Fett druff war. Hab ick mir jleich unter'n Naarel jerissen. Und sonste wat mit repariert. Obwohl – na ja – unsre Jungs bei de' Einreise in Wartha, de jrünen Jungs, die ham mich erstemal lang jemacht wejen den Schraubendre'r. Ham jleich een'n von ihre Hunde draufbeissen lassen. Wollten Se'n mir konfeszier'n. Hab ick denen erst Mal ne Strophe von de Werktät'jen jesungn.

Und dat wir im Osten mit so'n Drer'r von de Kapetalisten für umme, dat wer wohl bescheuert wär'n, wenn wer den nich nehm'n wür'n.

Un' dann hab ick noch zeehn Jahr'n mit jenau den Dree'r rumjemacht, ick saar et Dir.

So is' det eben, ihr, ihr vom Westen, ihr schmeißt doch allet jleich wech. Un' jetz' komm mir mit nix – ich weiß Bescheid.

Nach de Wende nämlich, da ham se meine thüring'schen Kälber nich' mehr jenomm'n. Musst ick de kleen'n Kälber vor deren Oogen in Kassel uff'n Schlachthof an de Wand schmeißen. War denen ejal. Und et nächste Mal, da ham se detselbe mit meine Schweine von Gotha gemacht. Kamen in'n Raum. Na, un dann lief Gas rinn. Kannste mir allet glaub'n. Nee, nee, wir sin' so jaar nich' doof, wir alten DDR'ler. Auch wenn se't so oft versucht haben, ihr alle vom Westen."

Jetzt braucht er endgültig Luft. Jetzt muss er sich luftausfahrend auf einen Stuhl fallen lassen. Seine Gehhilfen stürzen links und rechts neben dem Stuhl zu Boden.

Jetzt kann er wahrlich nicht auch noch irgendwas von mir hören. Weder Einwände noch Bestärkungen noch irgendeine pastorale Sauce. Aber, immerhin, meine Hand, die kann er noch nehmen. Schon meine Wünsche, die wehrt er ab, sind ihm viel zu viel. Aber die Hand, die kann er nehmen.

Als ich kurz danach (und selber ziemlich erschöpft) die Türklinke dieses Zimmers in der Hand halte, da denke ich: Immerhin die Hand, immerhin – die Hand.

Dienstag 1. Juli 2014

Ist Frau V. dement oder ist sie es nicht? Wie so manches Mal, liegen für mich die Dinge nicht so offen auf der Hand:

„Ich komm je von Schläsjen. Wenn Se noch wissen, wo des liecht. Aus dem Kreis Haynau, guckn konnten wir bis hohch hinauuf zur Schnääkoppe, bei guutem Wätter.

Waarum mussten wir da wech? Waarum?

Neuulich stand in der Bauernzeitung, dass man wieder kann kauufen schläsische Höfe. Unsern aalten Hof, und dann muss man bezaahlen tun? Eine Schweinerei, eine riiesige Schweinerei."

Mmh, soll ich ihr jetzt erklären, dass die ab 1946 in ihr Schlesien gekommenen neu-polnischen Bauern ebenfalls von Stalin – aus dem vormaligen Ostpolen – Vertriebene waren? In meiner Polophilie neige ich dazu, mache mir dann aber klar, dass nicht Erika Steinbach vor mir liegt im Bett der Orthopädie, sondern die 94-jährige Frau N.

Etwas hilflos wünsche ich ihr zum Abschied schöne Träume von ihrer schlesischen Kinder- und Jugendheimat.

Und füge ebenso hilflos hinzu:

„Und wenn Sie Rübezahl treffen, dann grüßen Sie den mal."

Ein saublöder Satz, denke ich gleich nach dem Aussprechen, und tatsächlich:

„Rrübezahl?? Den treff' doch nicht iich?"

Sie schüttelt – verständlich – verärgert den Kopf.

„Aber wissen Sie, ween ich getroffen hab'? Eine von Ihren Diakonissen, die wo kam von Schläsjen. Sogar von Lauban, gaanz aus der Näähen von uns. Letztes Mal, als ich kam hierher."

Gott sei Dank hat die alte Schwester N. (die vor einiger Zeit verstorben ist) gerettet, was mir da als vorschnell-hilflose Rübezahlerei aus dem Mund gefahren war.

Demenz, Demenzen, nun ja. Das Thema bleibt, ohne hier etwas relativieren zu wollen, zumindest komplex.

Jetz' nich', ich sterbe jrade

Freitag 4. Juli 2014

Frau S. liegt im Hospizbett und kichert. Sie ist Mitte 50 und wird bald sterben. Aber so einfach ist das nicht:

„Ick muss Ihnen mal was erzählen. Heut' morjen hab' ick jedacht: ‚Es ist soweit, Marjot'. Hab' ick zu mir jesacht: ‚Jut, so is det also, wenn de sterben muss'.

Hab ick noch de Schwester jerufen und der det jesacht. Und die bracht noch de Spritze wejen de Schmerzen. Hatt aber sonst nüschts jesacht. Fand ick erst 'n bisschen … na ja … lässig. Aber jut, jing se russ. Und ick mach mich ans Sterben. Doch dann stört mich de Putzfrau. Kommt rinne und sacht:

‚Eenmal wisch ick Ihnen det Zimmer durch, Frau S.'

‚Jetz' nich', ich sterbe jrade', sach ick ihr. Hat die aber nich' jehört, sondern jewischt. Fand ick ooch … na blöd fand ick det!!

Nach zehn Minuten musst ick uff eenmal lachen. So dolle lachen wie lange nich'.

Sach ick zur Putzfrau:

‚Mensch, wejen Ihn'n bin ick noch am Leben.'

Is' det nich dolle! Ham wer beide so wat von jelacht! Weil die is' nämlich jut, eure Putzfrau. Die schnallt mehr, als ihr alle denken tut. Und jetze hab' ick Ihnen als Pfarrer det noch erzählt. Jetze kann ich herrlich Mittagsschläfchen machen."

Mittwoch 9. Juli 2014

Täglich weiß ich je und je nicht weiter. Auf der Palliativstation begrüße ich Frau T. auf meinem Rundgang. Sie liegt in ihrem Bett. Sie greift meine Begrüßung auf, reicht mir ihre Hände, nickt und … dann gehen ihre Augen wieder ins Weite.

Ich frage nach dem Namen, eine sehr leise Antwort folgt.

Ich frage weiter. Nach dem Ergehen.

Keine Antwort.

Nach Schmerzen.

Ein mir unverständliches Wort und ein Streichen mit der Hand über das Nachthemd.

Schmerzen körperlicher Art scheinen nicht das Hauptthema zu sein.

Weiterstochern.

Fragen nach Wohnort oder nach Familie.

Blicke zur Seite.

Als ich zum Nachtschrank gehe, um nach einem Foto oder dergleichen zu suchen:

Nichts außer ein paar Taschentüchern.

Au, Mann, Pfarrer! Bin ich zu ungeduldig? Oder doch eher unerwünscht mit meinem Nachfragen? Oder rede ich rum statt einfach mal da zu sein? Oder störe ich – als der

17. heute im Zimmer – das tiefe Bedürfnis nach Ruhe und Schlaf?

Meistens entscheide ich mich daher für einen kurzen Besuch. Und gehe bald, wenn das „Stochern“ ohne Erfolg bleibt. Manches Mal komme ich am Tag danach wieder.

Manches Mal ist es dann anders, manches Mal nicht. Manches Mal ist dann Familie oder sind Freunde da, manches Mal nicht.

Im Grunde geht es gar nicht so selten so stotternd zu. Samt der Möglichkeit, in diesen Begegnungen viele Fehler und viele Unsensibilitäten zu begehen. Was keine Ausrede sein darf, nie. Höchstens eine Bescheidungsgeste.

Was nämlich – was wissen wir eigentlich?

Auf den Pfarrer nich' jewartet

Mittwoch 16. Juli 2014

„Auf'n Pfarrer hab ich ja hier nich' jewartet", lacht mich Herr T. an. Er liegt in einem internistischen Doppelzimmer. Seine Frau und er, etwa Anfang 60, strecken mir beide sehr offenherzig die Hand entgegen und er fährt gleich fort:

„Na, ick bin NVA. Un' Grenztruppen ooch. Da is' man nich' mehr so mit de' Kirche.

Wern Se hoffentlich nich' krumm nehm'n. Natürlich bin ick froh, dat ick kee'n hab' umniet'n müss'n. Ick hatt' ja als Offezier'n Abschnitt bei Sonneberg unten, Thüringer Wald. Da war halt ville Nebel un' Fichten, dat de kaum konnst durchkieken. Un' da is uns manchet Mal de Nerv jeflattert.

Jut … jeschnappt, jeschnappt hab' ick schon zwee'e. Denn jegloobt hab' ick wohl schon an det mit'n Sozjelismus. Jetze is' et vorbei. Red'n wer nich' drüber.

Hab' ick nach d'r Wende in Versich'rung'n jemacht. Janz schlecht war det allet nich'.

Ooch de janzen Reisen un' allet. Du musst halt immer un' überall seh'n, wie de det Beste draus machen kennst.

Dat ick jetzt mal bei euch im Haus – und det is' en jutet Haus, det könn'n Se jetrost mal weitersaaren – det ick hier uff'n Kreuz an de Wand jlotz und dat 'n Pfarrer vorbeijelatscht kommt, nee, schlecht ist det allet nich', schlecht is' det allet nich'."

Er reicht mir freundlich die Hand. Keine Zeit bleibt mir zum Sackenlassen, was vielleicht auch gut ist. Denn ich gehe zum Nachbarbett.

Herr P. zählt an die neunzig Lebensjahre. Und hat mir schon länger zugewunken, während ich noch mit dem früheren Grenzoffizier spreche.

Die Furchen seines Gesichts bilden eine wahre Skulptur.

„Die Muutter haam de Rrussen jleich so dolle rraanjenommen, Sie wiissen schoon, waas ich mejne, daass sie jejaangen iis in de Waald und sich jenoomen ejne Strick von Haanf. Un de Vaaterr, der sollt' mitjeehn auf dem Jieterwaaren naach Sibiirrjen.

Wurrd sich das iimmer verrschooben wejen es jaab kejne freijen Jieterwaaren. Muusst er halt machen Zwaangsarbejt auf dem Jietergleijs.

Mejn Bruuder und iich, wer waaren zwöölf und waaren drejzeehn. Uund sind so herrjestroomert, um zu kriejen waas zum Essen. Jeeden Tach ging das soo.

Ejnes Taares geeht mejn Brruuder zur Stadt rruunter, die sich waar jaanz zerschoosen. Kaam er glejch nach zwej Stunden zurick und schreijt ieber das gaanze Feeld: Ich sollt koommen, gaanz schnell koommen.

Waas denn wär? Ich sollt koommen. Und er rraannte und rraante.

Und ich jaapste hiinterrherr. Zeijcht err mir ejnen Schuuppen am Rraand von derr Stadt. Und rruussische Waachen rringsherruum. Sollten wiirr, saacht der Brruuder, sollten wiirr waarten bis sich kommt Waachwechsel.

Warruum, fraacht ich ihm. Ich sollt' nich fraagen. Iicch sollt' waarten.

Als sich kaam der Waachwechsel, sind wir jeschliichen an eijne Liicke zwiischen de Bretterr von dejm Schuppen. Saahen wiir Lejchen auf Brrettern. Nu, und saahen wir den Vaater. Zum letzten Maal saahen wiir den Vaaterr."

Er holt Luft, tief Luft.

„Daann sind wiir uns durrchjeschlaaren bis Pillau. Hat sich iirjendwer uns mitjenoomen. Ich weijss heute niicht, was waarr eijnije Taaren. Oderr Woochen?

Irrjenswaann waaren wir in der Uuckermarrk, bej Prenzlau. Im Waald.

Und sind wir beijde jewoorden Forstarbeijter, der Brruuder und ich. Noch bis ieber 70 haben wir jeschlaaren Baum nach Baum.

Meijn Brruuder ist jestoorben im voorrige Jaar. Meijne Frrau vor zwaanzich Jaaren wejen den Kreebs. Nun leeb ich hiierr beij meijne Soohn. Und waarrt hiier aufs Sterrben."

Er holt wieder Luft, tief Luft. Und noch mal. Vielleicht hat er jetzt auch alles gesagt, was zu sagen ist. Alles …

Nun greift Herr T. noch mal ein ins Gespräch ein, sichtlich erregt: „Sind det nicht Jeschichten? Sind det nich Jeschichten, die Se hier zu hörn bekomm'n? Un wissen Se, vor nem halben Jahr war Goldne Konfermatjon."

(Huch, hatte ich vorhin was nicht mitbekommen, bei dem Mann von den Grenztruppen … ?)

„Da saß ick bei uns in Tangermünde in de Kirche. Sankt Stephani, det is ja meine Kirche. Jetauft un konfermiert bin ick da. Un nu Gold'ne Konfermatjon.

Ick hab von Ihr‘m Kollejen – nen janz nen Feinen – von dem hab ick jar nichts mitjekricht, was der da erzählt hat. Leider – weil det war nen janz nen Feinen.

Und warum hab ick nichts jehört? Weil ick de janze Zeit jeflennt hab.

Wejen allet, det janze Leben, aber … aber … auch aus Dankbarkeit, gloob det ma.“

Seine Stimme bricht … bricht langsam.

Dann fängt er sich wieder und strahlt.

Es ist alles gesagt. Alles.

Nur noch der Segenswunsch …

Freitag 18. Juli 2014

„Ach, ich will wohl bald mal sterben“, sagt Frau T. „Wissen Sie, ich hab jenuch jehört und jenuch jesehn. 82 bin ich nu jeworden. Mit neune war ich Vollwaise. De drei Schwestern und ich, wir sind dann alle in ’ne and’re Pflegefamilje. Sozesaaren in jede Himmelsrichtung eine Schwester. War ja Warthegau und war Kriech.

Ich kam nach ’nen Bauer, der kam auch von weit, von Wolhynien. Ei’ntlich war der lieb, aber seine Frau, die war ’ne Hex’. Die hat nich’ mal ’nen Mantel mir jekauft im bitterkalten Winter. Aber arbeiten musst ich rund um de Uhr, mit zehne und elfe.

Nach dem Zusammnbruch, nach 45 hat mich jenomm’n ne polnische Familie. Die wo kam von Warschau. Waren schon alt, Kinder im Kriech verscholl’n.

So bin ich mit diese Polskis nach Masuren. War hart dort, aber waren lieb beide, sehr mit der Muttergottes. Nun, doch, das haben die ernst gemeint.

Und mich später, viel später unterstützt, dass ich konnt hören wen'chsten mal von zwei von meinen eij'nen Schwestern. Wo die war'n jeblieben? Nach fünf oder sechs Jahr'n. Übers Rote Kreuz nachjeforscht. War eine nach Mecklenburg, eine nach'm Westen. Wo die jingste war, kriegtest nich' raus nich'.

Und dann bin ich auch raus, 1954. War ich ja nu volljährich. Bin ich auch nach Mecklenburg, zur Wilma. Hab' mich dort durchjebissen. Bis heute. Mein Mann, der wo von Machdeburch war, der war bei der Armee, is' im Manöver verunglückt. Nu, und einer der Söhne hat de Wende nicht verkraftet, hat sich totjesoffen.

Aber meine jüngste Schwester, die hab' ich wiederjefunden. Fragen Se mich nich', wie. Allet über't Rote Kreuz und den Suchdienst. Die Kleine, die Hildjard, war ja erst dreie, als de Mutter starb. Die war nach Lublin verschla'ren, ganz im Osten von Polen. Fand die da, lang nach der Wende, der Suchdienst raus. Sprach auch nur polnisch. Und hieß jetze Maria.

Gott sei Dank bin ich da noch hin, mit den and'ren Schwestern. Vor drei Jahr'n war das. Ich hab' übersetzt, ich konnt ja noch gut polnisch. Geweint ham wer, und gelacht. Was haben wir geweint, und was haben wir gelacht! Und ich hab' immer übersetzt. Die einz'je war ich ja, die wo beide Sprachen kann. Aber beim Abschied war klar: Wir sehn uns nie wieder. Wir sin' zu alt jetzt alle. Deshalb … deshalb kann ich jetzt auch bald sterben … "

Der Stichwortgeber des „evangelischen Rundgangs" stirbt

Montag 28. Juli 2014

Als ich vor gut zwei Jahren neu in die Pfeifferschen Stiftungen kam, traf ich ihn bei einem meiner ersten Stationsrundgänge im Krankenhaus: Ein weit über 80-jähriger Herr, der mir bildreich erzählte, wie er in seiner vormaligen Heimat an der mittleren Oder schwimmen lernte, sommerlang Holunder pflückte und schließlich konfirmiert wurde – und nach dem Krieg als so genannter Umsiedler nach Brumby in die Börde kam, um sich dort zu einem regelrechten Akrobaten der Landmaschinentechnik zu entwickeln. Bei unserer zweiten Begegnung begrüßte er mich damals: „Ach, Sie machen wieder Ihren evangelischen Rundgang!"

Mit dieser seiner Begrüßung wurde er mir damals zum Stichwortgeber für meinen allerersten Seelsorgetagebuch-Abschnitt: „Evangelischer Rundgang", das ist ein Wort geworden, das mir seit zwei Jahren sowohl seelsorgepraktisch als auch seelsorgetheoretisch viel zu denken gibt.

Der Stichwortgeber des „evangelischen Rundgangs", Alfred L., er liegt nun zum Sterben im Hospiz. Herr L. ist zum

Ende des großen, weiten, tiefen Rundgangs seines eigenen irdischen Lebens gekommen. Differentialdiagnostisch gilt er mittlerweile als dement. Ich erkenne ihn nicht sofort, sehe vor mir „nur" einen demenzerkrankten alten Mann, der freundlich, aber durchsichtig meine begrüßende Hand entgegennimmt und dann gleich wieder die Augen schließt.

Bis mir blitzartig klar wird: Dieser so offensichtlich gewindelte, spindeldürre, speichelfließende Herr, das ist doch der Wortgeber des „Evangelischen Rundgangs"!

Und flugs schaue ich auf einen Zettel am Zimmerschrank, wo mir sofort sein Name wieder ins Auge springt: Alfred L.

Dann kehre ich zurück zum Bett und begrüße ihn noch einmal völlig neu:

„Lieber Herr L., Sie sind ja aus Grünberg in Schlesien! Jetzt erst erinnere ich mich an unsere Begegnung vor zwei Jahren im Krankenhaus."

„Zielona Gora. So heißt dies heute auf polnisch", strahlt er zurück.

„Zielona Gora. Früher Grünberg an der Oder. Jaja, da komme ich her."

Und er blickt erst an sich herunter, dann zur Decke, dann zum Fenster heraus:

„Schön ist es dort."

Dann wendet er sich zu mir:

„Sie sind neulich wieder dort gewesen, nehme ich an?"

„Vor einigen Jahren, Herr L.. Mit dem Zug von Berlin nach Breslau. D-Zug-Station Zielona Gora, früher Grünberg, da bin ich durchgefahren."

Er schaut länger zur Decke, nimmt dann meine Hand:

„Ach, das ist ja schön, dass Sie neulich dort in unserer Kirche waren. Sie hatten dort sicher zu tun, vielleicht eine

Konfirmation oder so. Jetzt ist ja bei uns in Schlesien die Zeit der Konfirmationen. – Wissen Sie, ich war grad neulich die Tage drüben bei der katholischen Kirche am Oderufer. Die kennen Sie ja auch gut, Dechant Schmitz, Ihr Kollege. Wegen der Margarethe mit den blonden Zöpfen war ich dort. Die … Herr Pfarrer, Ihnen kann ich das ja sagen, die hat es mir schwer angetan. Und der Vater von ihr, der ist ja Oderschiffer von unten von der Glogauer Straße hinterm Ziegelwerk, Sie wissen ja selbst genau, der nun kommt von Oberschlesien runter und ist daher sehr streng katholisch. Da mag ich jetzt noch nicht hingehen und um die Hand anhalten. Daher gehe ich jetzt immer an den Hügel neben der katholischen Kirche, verstecke mich hinter dem Fliederbusch und warte bis die Messe von den Katholiken aus ist. Und dann, *dann* kommt sie da heraus, mit ihrem Gesangsbuch. Was für ein Anblick! Herr Pfarrer, Ihnen kann ich das ja sagen … "

Und dann dämmert er wieder weg, fällt in ziemlich tiefen Schlaf.

Und hat mir soeben ein schlesisches Seelenjuwel vermacht: Margarethen, mitten im Krieg muss diese Fliederbuschgeschichte geschehen sein. Und der linde Lichtwurf jener Schifferstochter fällt wie von ferne ins heutige Zimmer im Hospiz.

Dienstag 29. Juli 2014

Vormittags im Vierer-Männer-Zimmer in der Inneren Klinik. Ich stelle mich vor in der Mitte des Raumes, wende mich dann zum ersten der Herren: Der hält mich für Besuch von der Terra X oder von der Jobagentur oder vom Inkassobüro oder gleich alles auf einmal. Dreimal nämlich quittiert er die Wiederholung meiner Vorstellung und die Nachfrage nach seinem Ergehen mit einem: „Hähumpff!?!"

Und sehr offensichtlich liegen hier weder akustische noch sprachliche Behinderungen vor, wie ich beim Hineinkommen ins Zimmer deutlich vernehmen konnte. Die waren nämlich wacker im Gespräch, alle.

Nun gut, von Hähumpff zum zweiten Bett:

Dort greift parallel zu meiner Begrüßung jemand reflexartig zur Urinflasche, die – Gott sei Dank – noch nicht gefüllt ist. Aber ich spüre in Sekundenbruchteilen, dass hier nicht ein urologisches Bedürfnis nach schneller Befriedigung verlangt, sondern eher ein exorzistisches.

„Mbäh",stößt er auf meine zweieinhalb Fragen heraus. Sekunden vorher, bei meinem Hereinkommen ins Zimmer, klang es noch klar deutsch.

„O.k., o.k …"

Von Mbäh also noch zum dritten Bett; dort nur noch unwirsches Abwinken.

Das vierte Bett stellt sich, mittlerweile seufze ich: Gott sei Dank, schlafend.

Es gibt solche Tage in der Seelsorge.

Jene Hähumpff-Mbäh-„Symphonie" – eine pastoralvisitierende Seelsorge, ein „evangelischer Rundgang" im Sinne des lieben Herrn L. kann vermutlich gar nicht anders, als mit solchen Zusammen-Prallungen zu rechnen. Nichts anderes steht im Alten und im Neuen Testament – da ist von spätbürgerlicher Höflichkeitsmanier gegenüber der Geistlichkeit nirgendwo die Rede.

Mittwoch 30. Juli 2014

„Ach, da kommen Sie extra vorbei, um mich zu segnen? So was ist mir ja noch nie passiert!"

Die junge Frau, kaum 20 Jahre alt, strahlt mich an. Es war gar nichts passiert. Bei der Pastoralvisite habe ich sie begrüßt, samt einer etwas älteren blonden Dame, die sich im Verlauf der kurzen Vorstellung als die Großmutter herausstellt und wo jetzt die Versorgung der Kleinen nach dem Kindergarten abzusprechen ist.

„Also, dass hier einer nur für den Segen vorbeikommt, das werde ich Anna und Mia zu Hause erzählen. Die sind zwar erst zweieinhalb, beziehungsweise eineinhalb. Aber die werden sich riesig mitfreuen, dass Sie denen jetzt den Segen gewünscht haben."

Schneller geht Seelsorge wirklich nicht.

„Was der liebe Gott hier vorhat, das weiß wohl keiner so genau, oder Herr Pfarrer?"

Nein, das weiß wohl wahrlich keiner so genau. Was sind dies für Schicksale. Und was für Treue. Und was für Zerrissenheiten!

Mit der herkömmlichen Loslass-Lyrik kommt man hier genauso wenig weiter wie mit dem gerne für solche Gelegenheiten als Allrounder missbrauchten Hiob.

Montag 4. August 2014

Im Kinderhospiz werde ich von Schwester L. dem 14-jährigen P. vorgestellt.

„Guck mal, P., das ist der Pfarrer, der besucht Dich mal."

„ Was is’n das, Pfarrer?“

„Ach, weißt Du gar nicht?“

„Nee, was is’n Pfarrer? Repariert der so?“

„Ich arbeite in der Kirche“, versuche ich es.

„Mmh.“

„Weißt Du, was eine Kirche ist“, versucht es noch mal Schwester L.

Auf P.s Stirn sieht man es arbeiten:

„Das Haus mit den Glocken?“

Er strahlt sowohl die Schwester als auch mich an.

„Richtig, P. , das Haus mit den Glocken!“ entfährt es mir glücklich.

„Und die reparierst Du, die Glocken, Pfarrer?“

Aller Reichtum aller Seelen

Donnerstag 14. August 2014

„Auf'm Leichenfeld, ja, auf'm Leichenfeld, wenn ich an meine Juugend denk, dann denk' ich oft ans Leichenfeld."

Herr G, ein etwas über 80-Jähriger Patient der Geriatrischen Klinik spricht bedächtig, holt Luft nach jedem Satz – und schaut mich unverwandt an während des gesamten Gesprächs.

„Fünfundvierzich ging de Front immer rüber un' dann nüber. Wir kommn von Niederschlesjen, so kurz vorm Riesengebirrje, wir worn doch vorher erst ganz un gar im Frieden. ‚Reichsluftschutzkeller' hieß unsre schles'sche Heimat. Un' dann kam de Front 's erste Mal im Februar fünfenvierzich zu uns: Tiefster Schnee, die Russen kreisten Breslau in d'n Kessel ein.

Un' bei uns, bei uns im Vorland vorm Riesengebirrje, da feechten de Russen alle mit'n Gewehr um, die wo nich' in de Wälder sich konnt'n versteck'n. Wir waren auf nem ganz nen abjelegnen Bauernhof. Dreie Jungs, der erste war verscholl'n, der zweite mit knappe fünzehn nach Breslau zum Schanzenbau, Führer, Volk un' Vaderland verteidjen.

Ich war knappe dreizehn und musst mit de‘ Mutter un de‘ Großmutter den Hof und de Vieh versorjen. Der Vater war schon lang tot, den hatten se in nen Laager verschleppt, weil der war bei de‘ Katholiken ganz vorn gewesen; aber genau wissen ham wer zu der Zeit nur wenig; erst später kam raus, dass einer von de Nachbarn ihn hat verpfiffen. De Mutter hat über Jahre immer nur gesaacht: Der Vater is‘ auswärtich arbeiten un‘ schuften für uns.

Erst später un‘ schon im tiefen Kriech hat se im Weinkrampf alles gesacht.

Und mein älts‘ter Bruder, der wo sehr mit de‘ Hitlerju‘end gewesen is‘, der hat dann drei Taare im Wald geschlafen un‘ dann sich hat verpflichten lass‘n. Nu, wie des alles so war, nu‘ kam auch noch fünfenvierzich die Front. Un als es sich langsam etwas schien beruicht zu haben, da ging ich nachts ins Dorf. Un‘ stand da nur noch de Hälfte von de Häuser, de andren kokelten un‘ kokelten.

Und vor de Kirche, da oben an dem alten Lindenbaum, da baumelten zweie deutsche Landser. De Schilder war’n aufgeweicht we’en den Schnee un‘ den Regen.

Aber mir war klar, des war‘n die eijnen Leute. Mit dreizehn im Kriech, da denkste nämlich schon wie’n Erwachs’ner.

Zwei Woch’n später taut der janze Schnee, un de Wehrmacht kommt vom Isergebirje zurück. Und ballert de letzten Häuser im Dorf zu Schutt. Und hängt noch nen Bauer auf, weil der war schon vorher mal mit de‘ Kommenisten. Der hing nu‘ einen Baum weiter.

Und Ende März taut de‘ janze Schnee bei uns im Wald un‘ auf der Flur vollends. Wasser un‘ Wasser un‘ alles Wasser. Un‘ was kommt zum Vorschein?

Noch un‘ noch de Toten. Russische un‘ deutsche, hübsche gemischt. Musst ich mit’n alt‘n Onkel de Toten begrab’n. Ich weiß heut‘ noch, wie die ham ausgesehn.

Erzählt hab ich’s ei’ntlich nie, auch mein‘ Frau nich‘. Aber geträumt hab ich‘s, noch un‘ noch.

Und als wer in de Neunz‘jer von uns, von Wolmirstedt aus, mal sin‘ nach Schlesjen gefahr’n un‘ ins Dorf, in unser Dorf, da sin‘ wer auch an de Wiese mit de‘ Leich‘n vorbei. Ich wusst‘ sofort: Da hinter der Weide, dort am Tümpel, un‘ so fort, dort haben der Onkel Alfred un‘ ich de Toten begrabn.

Aber Schluss war ja noch gar nich‘ mit d‘n Elend. Im April fünfenvierzich komm‘n de Russen noch mal. Im Dorf is‘ nicht mehr viel zu verteid’jen un‘ auch nich‘ viel zu holen an Viech. Ham se sich eingegrab’n zunächst. Ham ihre Stalinorjeln aufgebaut un‘ geballert nach Zittau un‘ Dresden un‘ sonstewohin. Un‘ wenn se hatten Pause vom Ballern, dann ham se sich geholt de Frau‘n. Selbs‘ de alte Lehrerin von uns‘rer Schule, des Fräulein Grabert. Hab‘ ich gehört, wie de hat geschrien. Ganz katholisch war die nämlich un‘ ganz schicklich‘ un so.

Mitte April sin‘ de Russen dann weiter. Und zu uns sind gekomm‘n de Polen. Aber vorher musst‘n wer wieder begraben alle die Leichen. De deutschen un‘ auch de russischen. Der Onkel Alfred un‘ ich. Un‘ polnische Leichen war’n wohl auch viele dabei. Polnische Soldaten, die wo mit der Roten Armee sind marschiert. Weshalb der Pole uns hat zwing’n könn‘n, die Toten noch mal umzubetten auf unsern Friedhof.

Un‘ der wurd‘ dann gleich der Friedhof von’n Pol‘n. So ham de Pol‘n uns rausgeschmiss‘n, noch im Mai.

Grausam war's, das Vieh musst'n wer lassen, unsre Küh', unsre Hennen, die Schaf. Ein Bauer verlässt seinen Hof nicht … aber … ich war dreizehn, wusst' aber schon so viel. War wie der Bauer selbst.

In den Neunzjern, gleich nach der Wende war'n wer ja noch mal da. Vorher hat der Erich uns ja nich' mehr so lassen reisen nach Polen, we'en dem Papst und den seine Gewerkschaft, de Solidarnosch. Un' eintlich war'n se dann nett, de Pol'n.

Die Kirche, nu' wir Deutsch'n ham de Kirch'n immer nen bisschen or'ntlicher als der Pole. Aber der Priester war'n freundlicher, war schon öfter in der Be-er-de gewes'n vorher. Aber war dann auch nett zu uns Ostdeutsch'n, gab da ja auch solche un' andere bei den Priestern.

Von den Leichenfeld un' de Umbettungen hab' ich dem erzählt. Hat der mir alles zugehört un' gleich gewusst, wo und was.

Un danach … hab ich für mich allein ganz lang geweint.

Jetz' erzähl ich das noch mal nem Pfarrer, jetz' in Deutschland.

Is' zwar 'nen evangel'schen, aber das macht jetzt nichts."

Donnerstag 28. August 2014

Ja, aller Reichtum aller Seelen …

Manchmal verlockt es mich, zum Ende eines zwei- bis dreistündigen Rundgangs im Krankenhaus mir eine innere Schnur zu spannen zwischen den Orten, den Professionen und den Themen derjenigen Menschen, die ich soeben besucht habe. Eigentlich werden es dann jeweils drei Schnüre:

Orte.
Berufe.
Themen.
Mindestens diese drei Schnüre.

Heute geht die erste Schnur von einem Marinestützpunkt auf Rügen („dit war'n Reich für sich, so ville von Horch un' Guck hab ick danach nie mehr jesehn, als ob wer alle nur nach Dänemark wollten schwimmen je'en Taach!" über Eickendorf in der Börde („det Dorf mit der besten Bodenjüte in Deutschland, Herr Pfarrer" – „Weiß ich doch, als ich vor gut zwei Jahren vom Rhein an die Elbe ging, sagte ein langjähriger Freund und diplomierter Landwirt: ‚Klar, die besten Böden des Landes'"), das Neckartal südlich Stuttgart („da is' meine Tochter direkt nach'n Abitur hin vor zehn Ja'en. Jute Arbeit, jutet Jeld, sachtse immer, aber det mit de' Kehrwoch, dit pustet ihr irjendwann noch mal den Rotz aus'm Hirn"), Stalingrad („wor ich ja drin als Soldood, un donooch in Kriechsgefongnschoft beim Russen, un' nu' bin ich neuzisch Joor gewoordn un' weiß selbs nüsch wie") bis hin zu vier Magdeburger Vororten, drei Kleingartensparten …

Die zweite Schnur: Von drei hiesigen ehemaligen Kombinaten, über zwei Autohäuser, eine thüringische Korbflechterei, einen ehemaligen Westberliner Polizisten, drei Reichsbahnerinnen, einen Maschinenbauingenieur, eine Maschinenbauingenieurin, eine Altenpflegerin, einen Bestatter, einen Frisör, einen Techniker aus der Besamungsanstalt, eine Prokuristin, einen Homöopathen …

Und schließlich die dritte Schnur: Die Liebe und der Krieg und die Folgen der Liebe und die Folgen des Krieges und die großen Zäsuren von 1945 und 1989 – stets und ständig – und die Angst vor der Operation und das Lob für die Ärzte und Schwestern und das Wissen um die Korruptheit aller Akteure im Gesundheitswesen und ob Beyonce weitersingen wird und ob der 1. FC Magdeburg im Pokal Leverkusen schlagen wird. Ob der alte Pfarrer von Burg vor sechzig Jahren strafversetzt wurde oder ob was dran war an den (welchen?) Gerüchten. Ob und warum die Glocken manchmal läuten und manchmal nicht, dass das Essen hier sehr passabel ist, die Heizungsbauer heute auch Bäder reparieren müssen, Honecker damals immer die kleinen Häschen in die Bördehecken trieb bei seinen denkwürdigen Treibjagden.

Und und und.

Aller Reichtum aller Seelen. Seelsorge kann ihn Tag für Tag für *einen* Zentimeter heben und lupfen.

Sterben in Deutschland

Montag 27. Oktober 2014

„Komisch ... gerade jetzt, jetzt hier, am Sterbebett vom Vati ... komisch, ich denk' dann immer: Würd' ja gern beten, würd' ja gern jetzt, sagen wir mal: na ja, mit so 'ner Instanz sprechen, vielleicht auch so wie viele andere in der Welt das dann einfach alles mal aus meinem Herz schütten. Aber gelernt hab' ich es halt nicht.

Vati schon noch, Mutti auch, in der Zeit nach dem Krieg. Aber bisschen streng war die Omi halt auch, so mit Kirche.

Und da ist der Vati dann halt später raus, war bei der Post, irgend so was Mittleres, aber war eben halt auch in der Partei. LDPD war der, nicht SED, aber halt schon Partei, und da war s halt besser, wenn de nicht in der Kirche warst.

Und meine Schwester und ich, die sind – logisch – dann ohne Kirche groß geworden.

Weil in der Familie von meiner Mutti war's sehr ähnlich.

Und die Mutti, die war sogar in der SED, wobei ihr das meiste nicht gefiel, war aber trotzdem gut für sie, so als Ökonomin.

Wir haben bei uns in der Familie auch nie auf die Kirche gelästert. Hab' ich nie gehört von meinen Eltern. Im Gegenteil, die fanden das eher peinlich, so ne bestimmte Sorte Atheismus. Und Respekt vor den Pfarrersleuten bei uns in Spremberg, den haben sie uns Kindern durchaus beigebracht.

Ich hab' dann, nach der Wende, mein Studium gemacht, Biologie, hab' promoviert, habe durchaus erfolgreich gearbeitet, habe selber zwei Kinder, die sind jetzt in der Pubertät.

Und immer wieder, immer wieder stehe ich vor diesen Rätseln. Selbst im Studium, bei den ganzen Fragen nach Leben. Befriedigt hat mich die rein wissenschaftliche, also die rein naturwissenschaftliche Antwort einerseits schon. Ich glaube halt nicht an Gespenster oder irgendwas Magisches oder so, bitte verstehen Sie mich jetzt richtig, ich sage das überhaupt nicht gegen Sie und Ihre wertvolle Arbeit.

Denn: Nein, mit den naturwissenschaftlichen Antworten war ich ja grad' nie einfach satt. Irgendwas hat mir immer gefehlt, habe da auch mal versucht zu beten, aber war peinlich, ging nicht, kam ich mir komisch vor.

Na ja, und auch als die Kinder kamen, gesunde wunderschöne Kinder, war ich soo dankbar, soo dankbar. War doch offensichtlich mehr als ein guter Gen-Satz. War ... was Besonderes.

Und ich wollt' meinen Dank wohin geben, wusst aber nicht genau wie und wo.

Und jetzt, wissen Sie, bin ich manchmal total sauer auf die ganze DDR-Erziehung, dass die uns das mit der Religion so ausgeredet haben in der Schule; so dagegen geredet haben die, keine freie Entscheidung zugelassen haben die! Dass die soo verbohrt tumb waren mit diesen Dingen!

Ich hatte es gar nicht mal richtig schlecht in der DDR-Schule, auch wenn ich heilfroh war, als dann die Wende kam, aber schlecht war das nicht alles damals.

Mit der Weltanschauung damals in der Schule aber, gerade mit der Religion, da bin ich manchmal richtig, richtig böse. Und, glauben Sie, das sage ich Ihnen jetzt nicht, weil Sie Pfarrer sind; das habe ich schon strammen Leuten von der Jugendweihe so ins Gesicht gesagt. Hat meine Tochter jetzt hinter sich, die Jugendweihe, weil halt alle in der Klasse dahingingen, war auch nicht wirklich schlimm, im Gegenteil, haben sich Mühe gegeben. Aber wieder nichts zum Sattwerden, nichts zum wirklich Sattwerden."

Mittwoch 29. Oktober 2014

Da liegt Herr G. in seinem Bett im Hospiz. Mit seinen 44 Jahren.

Gestern ist er gestorben.

Ausgezehrt liegt sein verstorbener Leib auf dem Laken, bedeckt mit einer dünnen Decke und zwei leuchtenden Gerbera. Sein Kinn sticht hervor, die Augen liegen geschlossen und tief in den Höhlen.

Seine Familie steht still um ihn herum. Alle miteinander. Und zwei Jugendliche sitzen an den äußeren Ecken des Bettes.

Gemeinsam begehen wir das Verabschiedungsritual des Hospizes.

Neben dem Kopf von Herrn G. steht eine Engelsfigur auf dem Laken. Und eine mit rotem Band verschnürte Rolle mit Kinderbildern.

Herr G. lässt drei Kinder zurück, die gerade an der Schwelle zur Pubertät stehen. Alles schrecklich !

Ja, alles schrecklich..

Und, ohne diesen in die Knochen fahrenden Schrecken zu verdrängen: Ein Bild starker Liebe.

Wie sie da sitzen und stehen!

Wie sie zusammengehören!

Wie sie einander – klar, bei allem Kummer und Streit, den es auch immer gibt – wie sie sich geschenkt haben!

Nein, es ist jetzt nicht alles gut. So ganz und so gar nicht.

Und trotzdem stimmen die Worte der alten, gramgebeugten Mutter, etwas später auf dem Flur:

„Frieden hat er jetzt. Ja, jetzt hat er Frieden. *Das* … musste ich noch sehen… Friedlich sah er aus. Doch, doch, trotz allem. Wie gut, dass wir *alle* ihn jetzt so noch mal gesehen haben."

Gramgebeugt geht sie weiter.

In einer Judengasse haben wir gewohnt

Freitag 28. November 2014

„In einr Judengaasse haben wirr gewoohnt. Uunten in dr Bukowiina, das wo damals warr Rrumänien."

Frau T., Gast des Hospizes schaut an die Decke, als ich sie frage, wo sie mit ihrem schönen Dialekt herkomme:

„Liinks von uns die Koohns, die hatten den klejnen Kolonialwarenladen am Rring.

Rrechts die Hirrschens, die, wo hatten einen Vertrrieb fürr Pelze. Gegenüberr Rreichs, da war err der Lehrrer in der Schuln, aber in derr Schuln, wo wirr aalle hingingn; und auch warr err Kantor in der Synagogn – und die scheiijnste Mäännersstimmn uunsres Stäädtchns. Auf unsrm Marktplatz von Weschlitz, do stand ja noch derr Sockel vom Kaiiser Frranz Jooseph. Den habn die Juudn doch seehrr verehrrt gehabt.

Nu, 1940 mussten wir rraus, heim ins Rreich, wie es ja hieß. Ich warr elf, meine Schwestr drejzn, mein Brrudr aacht. Dm Vaater hat das niicht gefalln, der hielt niichts von

Hitler. Wir sind nach Posen gekomn, da wo sie eine polnische Familje voorher aus dem Haus haben geschmiissen. Das warr nicht laange, bevor wirr aankamn.

In dr Kiche standen noch Geschirrstaapl im Schrraank. Un die Ejnweckglääsr im Kellr, aalles vooller Gurrkn und vooller Birrn'n.

Es warr eine merrkwürdige Zejt in Poosen, viir Jahren laang. Und eine trraurige, weil der Vatr, der musst bald nach Rrussland. Und ist dorrt schon voor Moskau verscholln, im eersten Krriegswintr. Naja, und Sie wiissen ja, laanges Blejben warr denn aauch nicht in Posen. Die Ejnweckgläsr, viir Wintr bliiben sie im Kellr, de polnischen Ejnweckgläsr. Daann donnerrten schoon de Stalinoorjeln überr Poosen. Und mit dem voorrletztzten Zug, derr schon oohne Feenster warr, sind wirr noch zur Oder. Wenn dr Herrgott, ja, wenn dr Herrgott nich wär … "

Sie blickt lange zur Decke.

„Wobej, je äälter ich wärr, da deenk ich an die Lisa Koohn und an von Hirrsch die Rraachel. Mit deenen warr ich in dr Schuln. Un Naachmittare lang habn wiir im Gehölz gespielt. Die, die – die hab ich niie wiederrgesehn. Auch den Kaantor nicht, den Herrn Schulmejster Rreich. Ich aahne ja, dass die aalle aalle uumgekommn sind.

Damals beim Pogrroom.

Jetzt sterrbe ich bald … hier … soo soo viele Jahrrzehntn spätr. Und aalles ist wiedr daa. Uunserre Gaasse in Weschlitz … "

Nur eine Woche vorher, auf der Orthopädischen Station, hatte ich mit Herrn M. gesprochen, etwa gleich alt wie Frau T.. Der kam nicht aus der Bukowina, aber nah von dort. Der kam aus Bessarabien, was heute die Republik Moldau ist:

„Aus der Hauptstadt, aus Kischinau.

Mein bester Freund, das war der Tomek, und der war Jude. Und als wir, als unsere Familie 40 raus musste, als der Hitler uns heim ins Reich holte, da hab' ich tagelang um den Tomek geweint. Ich habe das dann – habe das – jaja, tatsächich habe ich das jahrezehntelang – vergessen, die ganze Geschichte.

Die Spannungen, die stiegen ja damals schon, bevor wir weg sind von dort. Der Rumäne, der war damals, naja – der mochte meist den Juden nicht. Und Sie wissen ja, wie das alles ausging …

Als der Horst Köhler dann Bundespräsident wurde und im Fernsehen von seiner Familie erzählte, ja – die waren ja über Generationen, so wie wir waren die Bessarabiendeutsche und fromme Leute und tüchtige Leute waren das alles, als der Horst Köhler dann erzählte, obwohl der selber ja kurz nach der Umsiedlung in Polen erst geboren wurde, da erst – da hab' ich erst mit meiner Cousine wieder über alles gesprochen. Die war ja im Westen in Ulm, wir waren hier in Oschersleben.

Und dann haben wir das alles noch mal uns vor Augen gehalten: Wie wir mit dem Treck von Kischinau nach Galatz sind, Dutzende Familien müssen das gewesen sein, wir kamen ja von einem kleinen Dorf, ganz direkt bei Kischinau. Alles Deutsche, die Bauern. Und die Händler waren meist Juden, gerad' den Viehhandel, den hatte vom Tomek der Vater. Die Cousine hat mir das alles wieder vor Augen gemalt. Wie wir in Galatz auf die Schiffe gegangen sind. Die riesenriesenbreite Donau, auf einmal konnte ich das wieder riechen. Und die endlos lange Eisenbahnbrücke, da wo die Züge von Bukarest nach Constanza ans Schwarze Meer drüber sind. Da sind wir drunter her, und dann bis Belgrad hoch, immer die Donau hoch.

Die Cousine sagte auch noch, dass das da damals in Jugoslawien noch kompliziert war mit den Pässen und immer alle fragten, wie der Vater und der Onkel zum Hitler stünden. Dann sind wir schließlich raus aus Belgrad, sehe dann wieder die Kathedrale von Esztergom hoch oben am Berg, da sind wir drunter her, da war ja alles schon Ungarn. Bis das Großdeutsche Reich dann kam mit Wien und so.

Und die Cousine erzählte dann weiter und mir fiel das wieder ein. Der Güterbahnhof in Wien, am Nordbahnhof und der eisige Wind. Und dann irgendwo in den Warthegau, an die Prosna. Leere Höfe, die Polen waren raus, also die meisten. Alles war streng geordnet und gleichzeitig wahnsinnig chaotisch.

Das – das hab ich selten so erzählt. Und den zweiten Teil auch, die Flucht westwärts, wie die kleine Schwester, die wo Nachkömmling war, wie die erfror … ach …"

Herr M. schaut mich mit glasklaren Augen an. Fasst meine beiden Hände. Der Abschied geht jetzt nur noch wortlos. Allein noch der Segenswunsch, den er mit ganzem Herzen annimmt – und erwidert.

Tomek und Rachel sind vermutlich entweder erschlagen worden 1940 oder in den transnistrischen Lagern 1941 elendiglich verhungert. Diesmal waren es nicht die deutschen, sondern die rumänischen Schergen gewesen. Vermutlich war es für Tomek und Rachel zu spät, als der rumänische Führer Antonescu sich 1942 schließlich standhaft gegenüber Himmler weigerte, die anderen rumänischen Juden, die aus Bukarest und Siebenbürgen, gen Auschwitz in die Viehwägen zu setzen.

Tomek und Rachels Seele und die von Lisa und vom Kantor, die sind seit über 70 Jahren in Gottes tiefem Herzen. Und auf einmal tauchen sie wieder auf, in letzten Lebenstagen und -wochen von feinen, lebensklugen, lebenssatten Menschen, die seit Jahrzehnten in Magdeburg ihr Zuhause gefunden haben.

Putins Diamanten

Montag 12. Januar 2015

„Bei uns auf der Huysburg oben, da hat ja schon der Napoleon gelagert. Und ist von dort aus bis nach Russland … und das, das ist ihm nicht so bekommen. Später auch die Nazis, sind se nach Russland … und jetzt …"

Herr G., Ende 40, Schreiner, chirurgischer Patient, richtet sich zu voller Länge im Bett auf:

„Jetzt will die Merkel den Putin zerlegen. Dass ich nicht lache! Die geht in die Knie, so schnell wirst Du gar nicht gucken können. Der Russe wendet sich dann entweder ab nach China und macht mit denen dolle Geschäfte. Oder er kommt wieder mal bei uns auf den Seelower Höhen vorbeischauen und zeigt, was er wirklich kann. Nee, nee. Und die da oben und die vom Fernsehen erzählen uns was von europäischer Putin-Blockade und warum das notwendig wäre. Die lügen doch alle, die Journaille, wie die lügen!"

Und er richtet sich noch zwei Zentimeter höher:

„Neulich brachten se im Fernsehen" (huch, ich dachte, die lügen alle..), „neulich brachten se die Diamantenlager vom Putin, ooohne Ende Diamanten, ooohne Ende. Der

Putin, der sitzt das alles aus mit der Merkel, feiner Kerl übrigens, der hat da mit der Korruption in Russland aufgeräumt, toll, gaaanz toll. Erzählen mir immer so Leute aus der Wirtschaft, erzählen die mir immer von ihren Russlandreisen. Alles Putinfreunde sind das, alles, die ganze Wirtschaft, komisch, nicht wahr? Oder, ha, oder gerade nicht ...

Wissen Sie, gerade vor einem Monat. Freund von mir einer, der handelt mit Kühlschränken. War ich mal 'nen Abend mit dem zusammen. Der nämlich, der findet den Putin topp. Der Enrico, der hat mir noch mal alles bestätigt. Und hat mal wieder reinen Wein eingeschenkt. Und von seinen Top-Geschäften berichtet. Wie cool das da drüben abläuft in Russland – wie geschmiert! Bis weit nach Sibirien hoch vertickt der Kühlschränke. Und mag den Putin, ist 'n echter Putin-Fan, der Enrico. Sagt der immer: Der Putin, der hat doch bei uns in Dresden Deutsch gelernt.

Die Merkel, die kann doch bloß so'n bisschen Oberschulrussisch. Packt der Putin die an der Gurgel, und...? Weg is se! Hätten wer mal wieder 'n richtigen Kerl!"

Dienstag 20. Januar 2015

„Ganz jung bin ich ja schon Europäer geworden, so zwangsläufig!" Der 97-jährige Herr M. im Hospiz lacht mich so funkelnd an, dass die Lichter der Abendlampe in allen seinen Falten Funken schlagen:

„Erst war ich in Griechenland, gleich 41, bei den Fallschirmspringern war ich. Was für Kameraden! Beim Einschiffen unserer Fallschirmtruppen in Thessalien schon, da bekamen wir britisches Feuer. 16 überlebten, 322 ertranken.

Am 24. April 1941 bin ich also wiedergeboren. Jedes Jahr gehe ich dann für mich in die Kirche, jedes Jahr.

Und die Kreter? Die Griechen? Nachdem unsere Truppen gelandet waren?

Es war Krieg, es war Krieg … und doch habe ich so wunderbare Dinge erlebt.

Girgios, der hat uns mal versteckt, als es mal enge wurde für uns junge Wehrmachtsoldaten. In seinem Dorf versteckte er uns, und hat uns mit Milch und Honig durchgebracht. Wunderbar! Mit Milch und Honig.

Wenn ich heute das dumme Gerede gegen die Griechen höre! Ich möcht' manchmal in den Fernseher reinspringen!

43 bin ich versetzt worden. Nach Norwegen, genau ans andere Ende, ganz in den Norden, bei Narvik. Da war … ach, da war die Liebe meines Lebens, Ihnen kann ich es ja sagen. Breila heißt sie, Breila…! Die nahm mich mit, und wissen Sie wohin?

Auf die Orgelbank in ihr Dorf. Sollt ich spielen mit ihr, habe ich dann gemacht, die schönen norwegischen Gottesdienste einen Winter lang.

Na, und eines Tages haben wir uns geküsst.

Auf der Orgelbank! *Auf* der Orgelbank !

Leider, das klingt komisch, ich weiß, leider war der Krieg dann aus, dort oben sogar ohne Schuss.

Und ich kam auf vielen Umwegen nach Cottbus. Ich habe dort eine Familie gegründet.

Aber, wissen Sie was?

Irgendwann stand Breila vor der Tür … *das* hat mein Herz fast gebrochen.

Und ich habe es meiner Frau dann zwar ehrlich alles erzählt. Und war doch vom Donner gerührt und ziemlich verwirrt.

Es war DDR-Zeit, aber Breila hat es geschafft, mit Konsulat und alles. Von Narvik bis Cottbus!

Und ist dann wieder zurückgefahren, nachdem wir uns noch einmal gedrückt haben.

Sehen Sie, daher … daher bin ich schon immer und schon immer Europäer!“

Kalenderblätter aus Grodno

Dienstag 17. Februar 2015

Das Foto vom Marktplatz in Grodno. Für eine Sekunde oder zwei stehen wir auf dem Marktplatz im westlichen Weißrussland. Und Herr R. stammt von dort, wohnte dort – bis vor zwei Monaten. Nun hat er seinen Sohn besucht in Haldensleben. Und auf dem Marktplatz von Haldensleben ist er zusammengebrochen. Sprechen kann er nicht – sehr wahrscheinlich nie mehr.

Sein Sohn und seine Enkelin sprechen in flüssigem Deutsch: Dass der Vater Markthändler sei. Hier, das Foto aus einem älteren Kalender der Grodnoer Zeitung, das zeige ihn vor seinem großen Marktstand in Grodno.

Auch Politiker sei er dort gewesen. Von Lukaschenko, dem Diktator Weißrusslands, verfolgt. Jetzt sei der Vater auf einem ganz anderen Markt in einem ganz anderen Land zusammengebrochen.

Und, wenn sie einmal fragen dürften: Was sie jetzt … was sie jetzt … zu beten hätten – hier auf der Intensivstation in Deutschland.

Mittwoch 18. Februar 2015

Der Stuhl im Hospizzimmer. Die alte Dame, die dort sitzt, ihre Hände im Schoß. Vor ihr im Bett liegt ihr Ehemann, seit 64 Jahren ihr Ehemann. Hinter ihr stehen elf Angehörige aus drei weiteren Generationen.

Dieser ihr Ehemann hat vor weniger als zwölf Stunden sein Leben ausgehaucht.

Aufgebahrt liegt er auf dem Bett, in seine Lieblingsdecke eingewickelt.

Er schaut mit einem Gesichtsausdruck, der zu sagen scheint:

„Ach, wie schön, wie schön, dass ihr alle hier seid!"

Seine Frau, sitzt vor ihm, die Hände im Schoß. Sie sitzt auf dem Stuhl, mitten im Zimmer. Sie weint nicht, sie klagt nicht, sie erzählt nicht einmal.

Einfach sitzt sie da, die Hände ganz ruhig ineinandergelegt auf dem Schoß.

Und sie schaut ihn an.

So, als ob sie für die verbleibenden Tage ihres Lebens nurmehr ihn, ihren Ehemann anschauen möchte. Auf dem Stuhl.

Donnerstag, 19. Februar 2015

Der Schreck, wie er in ihre Glieder fährt. Und die Farbe, wie sie aus ihrem Gesicht entweicht. Die junge Frau, sie erschrickt. Sie erschrickt, weil ich sie begrüße. Sie erschrickt, weil ich sie als Pfarrer begrüße. Dann braucht es drei Minuten, bevor der Schrecken aus ihrem Gesicht wieder weicht:

„Ach so, Sie sind jetzt nicht extra wegen mir gekommen."

„Jeden Tag sind Sie hier? Jeden Tag?"

„Und Sie wussten gar nichts von meinem Herzinfarkt?"

Nein, ich wusste nichts von ihrem vorgestrigen Herzinfarkt. Ich bin „auf Pastoralvisite", Tür nach Tür, Zimmer nach Zimmer. Das sage ich ihr, so liebevoll und so ruhig als irgend möglich.

Und als schließlich die Farbe wieder in ihr Gesicht zurückgekehrt ist, da dankt sie.

Da dankt sie dreimal, viermal, nimmt meine Hand.

„Dass der liebe Gott mich also doch noch nicht geholt hat – nein, dass er mich doch noch nicht geholt … doch noch nicht geholt hat … "

Mittwoch 4. März 2015

Der Heringssalat.

Die ganze Zeit riecht es frisch nach Heringssalat. Während eines Gesprächs auf der Palliativstation. Ja, sagt Frau M., dies sei ihr Lieblingsessen.

Und (Gehirnmetastasen? Hellsichtigkeit? – schießt es mir durch den Kopf) … dies sei ja jetzt auch das Weihnachtsessen. Für den Heiligen Abend. Denn man sei ja, und gerade auch so als Christin, man sei ja immer drauf aus gewesen, nicht zu prunken. Und immer abzugeben. Auch wenn es klingele. Wenn es an der Tür klingele. Wenn einer, vielleicht eine ganze Familie, oder auch nur ein einziger jetzt komme, klingele und mit ihr den Heringssalat teilen wolle. Das gehöre doch alles alles zur Freude auf das Fest. Oder?

Einen Tag später „klingelt es zum Fest“. Frau M. verstirbt.

Ihr Mann, unter Tränen, sagt mir, wie friedlich sie in den vergangenen Tagen geworden sei. Nach all dem Leid mit den Metastasen. Dass sie immer öfter nach Heringssalat verlangt habe. Am Schluss, in den letzten drei Tagen, nur noch nach Heringssalat.

Donnerstag 5. März 2015

So viel sei da noch zu sammeln: Vieles, vieles, ein ganzes langes Leben sei jetzt zu sammeln, jetzt in den Wochen, Tagen, vielleicht Stunden vor dem Tod.

Ja … Und mitten im Sammeln tauche immer das Schneefeld auf, oben am Brocken.

Plötzlicher Wintereinbruch am Brocken, man kenne dies ja. Und sei doch immer wieder neu überrascht. Wie viel Schnee dann komme – von allen Seiten. Alles nur noch Schnee, allüberall. Nur die Stangen seien dann noch zu ahnen, manche halb umgeweht, aber immerhin noch zu ahnen, die Stangen.

Und immer auf die nächste Stange zulaufen und weiter, durch Schnee, aufwärts.

Durch kniehoch werdenden Schnee, immer weiter aufwärts.

Manchmal verwechsele man auch die Stange mit einer sturmschiefen kleinen Fichte. Und dazu immer mehr und immer greifender der Wind, und natürlich immer mehr Schnee. Schließlich dann doch noch die nächste Stange. Ist es die nächste? Oder gehe man im Kreis? Doch, es ist tatsächlich die nächste. Weiter und weiter also, keine Pause jetzt, weiter durch Berge von Schnee.

Und dann, ja … dann tatsächlich ankommen, oben beim Brockenwirt. Tatsächlich ankommen, alles nass, alles kalt. Aber ankommen … dasitzen … staunen.

Viel später, viel viel später erst essen können. Löffel für Löffel heißdampfende Soljanka.

Ein Gespräch, wenige Tage vor dem Sterben, mit Herrn S. Ein frommer und musikalischer Herr mit vielen Lachfalten. In unserem letzten Gespräch gehen wir innerlich miteinander auf den Brocken. Und trauen beide darauf, dass – in aller seiner Bilderlosigkeit – der allmächtige und allgütige Gott, dass er, ja, so wird es wohl sein, dass ER das Antlitz eines Brockenwirts tragen möge.

Über die Auen der Elbe

Mittwoch 25. März 2015

Diese sanften Augen. Sie schauten mich gestern ununterbrochen an:

„Ich hab es jetzt satt! Ich will die Spritze. Ich kann nicht verstehen, warum man in Deutschland so lange braucht. Warum machen sie nicht endlich das Gesetz für die Spritze? Was müssen sie noch beraten?"

Herr M. mit seinen so auffällig sanften Augen ist 37 Jahre alt. Seit über zehn Jahren kämpft er mit seinem Krebs. Dieser sitzt nun in fast allen seinen Knochen. Ein Bruch folgt mittlerweile auf den nächsten.

„In ganz Europa regeln sie jetzt die Sterbehilfe. Nur in Deutschland sind wir schon wieder so kompliziert."

Er sagt dies bestimmt. Aber er sagte es nicht aggressiv. Mehrmals gestern wiederholte er den Wunsch nach der Spritze.

Draußen brechen jetzt Knospen auf, Vögel singen um die Wette. Und er, er hat genug.

Recht geben konnte ich ihm nicht, wollte ich nicht, im Blick auf die Spritze. Und das sagte ich ihm auch.

Diese Art Sterbehilfe, die er so sehnsüchtig wünschte. Gestern. Und vorgestern sicher auch schon.

Meinen tiefen Respekt und meine eigene Unsicherheit, dass ich möglicherweise ähnlich reden würde wie er, das teilte ich ihm ebenfalls mit.

Und so komme ich heute wieder. Ich musste mich aufraffen, heute Morgen.

Ich spürte Widerstand, wieder über Sterbehilfe sprechen zu wollen.

Aber nun sitzen wir seit fast zwei Stunden und reden über das Leben. Ja, auch über die Krankheit und die verdammten Behinderungen, welche diese schafft. Und dass nichts, dass gar nichts besser wird, alles immer nur schlimmer. Alles mit denselben sanften Augen gesagt wie gestern, ohne Bitterkeit, jedoch schnörkellos, an manchen Stellen drastisch.

Zugleich: Das Leben. Ingenieur der Informatik ist er, sein Leben, das hat er gelebt – und *lebt* es, lebt es mit allen Poren. Kein Nerd, wahrlich kein Nerd, einer mit vielen Freunden, mit nahen Geschwistern. Er liebt das Rudern, seit er fünf ist. So kennt er jeden Meter Elbe, stromauf, stromab, jeden Meter. Er erzählt mir von Buchten und Sandbänken und versteckten Auwald-Armen. Er liebt dieses Wasser, jede Strömung, mit jeder seiner Poren.

Auf die Elbe muss er blicken können, jeden Tag. Über die Auen der Elbe möchte er schweben können in seinen Tagträumen und in seinen Nachtträumen. Von seiner Buckauer Wohnung, so erzählt er, da blickt er auf den Rotehorn-Park und zugleich auf den Dom. Über diese Auen der Elbe.

Ich glaube nicht, dass Herr M. „religiös“ ist. Obwohl ich diese Gespräche als religiöser bezeichnen würde als manche der Richtigkeits-Austausche zum Thema „Gott“ und „Lebenssinn“.

Vielleicht tue ich Herrn M. mit dieser meiner Einschätzung unrecht. Vielleicht ist er tatsächlich religiös. Vielleicht missfällt es ihm, die leuchtenden Elb-Bilder seiner Seele im Feld der Religion beschrieben zu sehen.

Vielleicht allerdings sind genau solche Fragen jetzt herzlich überflüssig.

Donnerstag 26. März 2015

Das Leben haben sie ihm gerettet, durch eine riskante Operation. Erst an der Uni, und dann noch mal hier in der Einrichtung. So erzählt Herr R. mit einer Stimme aus Kraft und Präsenz. Sehr dankbar sei er, sehr dankbar. Denn mit 50 wolle er nun wirklich nicht den Löffel abgeben. Und eigentlich gehe es ihm gut. Naja – manches nerve ihn halt im Leben. Die im Kreistag bei ihm, in Halberstadt, das seien alles Arschlöcher. Die seien samt und sämtlich korrupt.

Und bei ihm im Dorf, da seien seit zehn Jahren jetzt so Ökos. Die hätten einen Hof übernommen. Und würden alles verderben. Alles. Wegen dieser Rotzlöffel würde die neue Straße zur Autobahn immerzu nicht angepackt. Jedes Mal, wenn er an diesem Hof da vorbeifahren würde, käme die Galle hoch. Und das Herz würde rasen.

Und dann würde er immerzu sich sagen: Da will ich eines Tages gerne nachts mal ‘reinballern …

Gebiete ich Herrn R. Einhalt? Appelliere ich an seine Dankbarkeit? Warne ich ihn vor Straffälligkeit angesichts seiner Drohungen?

Ach, diese Sorte Pegidisten treffe ich leider immer wieder. Und ich halte die übliche Sorte „Dialog“ hier für vollkommen nutzlos, mittlerweile. Heute gehe ich einfach recht bald aus dem Zimmer, wünsche vorher Gottes Segen.

Das kommt so über mich.

Freitag 27. März 2015

Orthopädische Station, Pastoralvisite. Ich treffe auf einen Mittsiebziger am Tag vor dessen Operation – und auf seine Frau. Ich stelle mich vor, wir reichen uns die Hände.

Ein Pfarrer, so so. Nun ja – man *kann* ihm ja mal Guten Tag sagen (aber bloß nicht in die Augen schauen dabei).

Nun ja, die Mutter, die war, die war sehr, sehr religiös. Religionsunterricht, den gab es damals ja noch in der Schule, damals nach dem Krieg. Und schöne Bildchen haben sie da verteilt. Die konnte man sammeln. Und tauschen.

Mmh.

Ja.

Ja.

Ach, und sie gehen jetzt einfach hier so rum, hier so im Krankenhaus? Soso.

Nein, da könne man ja nichts gegen haben.

Obwohl, naja. Damals im Harz, nachts. Bei den Grenztruppen, für vier Jahre verpflichtet. Unteroffizier, in Elend im Harz, der Name des Ortes sei Programm gewesen. Und immer die Härtesten, die hätten sie da hingeschickt. Für rund um den Brocken. Schon wegen dem Russen, oben auf dem Berg. Weil die kleinen Russenjungen eben auch gerne abgehauen wären. Musste man zu verhindern wissen. Jedenfalls da im Harz. Nachts.

Scheiße, da – da hätte er sich beim Beten erwischt. Nicht, weil dort die Sterne so schön funkeln würden am Himmelszelt. Gut ja, das würde ihm ja auch immer einfallen, so von der Mutter, dieses Lied: „Weißt Du wie viel Sternlein stehen…“

Schönes Lied.

Aber da im Harz, da hätte er auf ganz hart machen müssen. Obwohl ihm das Wasser manchmal kochte in seinen Stiefeln. Ja, und es habe ja auch Zwischenfälle gegeben. Ach … Nein, nicht in seiner Schicht. Aber zuführen, das habe er dann müssen.

Und berichten, wie die Wehrpflichtigen … naja, welche Sprüche die so machten. Einfach bei ihm auf der Werft seien sie damals aufgetaucht, die von der Armee.

Auf seiner lieben Werft in Rothensee. Wo alles so gut angegangen sei. Gutes Geld habe es gegeben. Aber die Werft habe keine Freiwilligen geliefert.

Für die Armee. Da seien die selbst gekommen. Hätten Druck gemacht. Hätten seine Lehrgänge wieder gestrichen. Und die Wohnungszuteilung für seine kranken Eltern.

Da habe es auf einmal Probleme gegeben. Falls er nicht … Naja, so sei er nach Elend gegangen. Vier Jahre Elend.

Immerhin seine Frau, die habe er da kennengelernt. Die komme von da, vom Südharz. Von Ilfeld. Wäre ja auch eine Führung, so mit seiner Frau. Das wäre die beste von der Welt. Da seien sie sich einig.

Die beiden wirken mit ihren über 70 Jahren tatsächlich als liebendes Paar. Und sie schaltet sich jetzt ein, erzählt von Ilfeld, kommt gleich auf ihre Konfirmation zu sprechen, und ob ich auch den Pfarrer Schirmer kennen würde, aber stimmt, ich sei ja noch jünger.

Dann schaltet er sich wieder ein: Ob das Fügung sei, so mit seiner Frau. Das habe er sich manchmal gefragt. Nachts.

Übrigens … (als ich schließlich Anlauf nehme, meine Pastoralvisite im nächsten Zimmer fortzusetzen), übrigens … ich solle jetzt noch nicht gleich gehen. Er müsse mir noch was sagen.

Nämlich: Die Bilder, die vom Religionsunterricht, damals in Stadtfeld, in der halbverbombten Schule, die habe er alle noch. Bis zu seinem Tod wolle er die behalten. Die seien ihm … heilig. Das, das solle ich noch wissen. Jetzt könne ich gerne weitergehen.

Dienstag 31. März 2015

Einmal im Jahr sei die Besitzerin gekommen. Aus Wien. Eine Dame ganz alter Schule, Mit Hut, Tasche, Schirm – und resolut. Einmal im Jahr sei die Dividende dran gewesen. Dann sei sie auf den Hof gefahren, habe die Dividende geholt. Elektronik KG. Spezialbetrieb, keine VEB. FDGB na klar, hätte es auch gegeben in der Firma. Aber wenn Madame aus Wien kam. Wer küsste am erbötigsten die Hand? Na klar, der Herr Gewerkschaftssekretär!

Frau A. auf der internistischen Station wirkt auf mich wie die Wiedergängerin der Wienerin. Ihren Schneid lässt sie sich offensichtlich von nichts und von niemand abkaufen. Ihr Mann, der sei bei der Ölmühle gewesen.

Als Ingenieur. Die DDR, das sei schon in Ordnung gewesen. Auch wenn sie nie in der Partei gewesen seien. Aber das Soziale, das sei gar nicht so verkehrt gewesen. Allerdings, das andere – dieses Gemeine … Als der Vater starb in Hamburg.

Keine Erlaubnis. Auf der Polizei: Kein Vordringen. Und noch diese blöde Olympiatante. Die da die letzte Entscheidung hatte über Ausreise. Eiskalt. Nicht mal die Hand reichen.

Sie habe das dann später der Madame aus Wien erzählt. Die ja einen internationalen Pass hatte. Die Madame …

Als schließlich die Mutter starb, ein Jahr nach dem Vater, kein Problem: Olympiasternchen flötete wie eine vom Gewandhaus. „Und ich sage Ihnen heute, ich bin mir sicher: Der hatte die Madame was in den Koffer geknallt, so wie die Olympische mit mir flötete!"

Donnerstag 2. April 2015

Der Vater sei dement. Und auch aggressiv. Und zugleich so lieb.

Mutter, Vater und Tochter, auf der geriatrischen Station.

In einem Dreibettzimmer. Ich spüre großen Zusammenhalt dieses Ehepaars, dieser Familie. Sieben tapfere Jahre mit Demenz. Sieben Jahre Tränen, Schlaflosigkeit, Ausfälle, Wut.

Dann schreie er immer. Und müsse sich gegen die Russen wehren. So wie damals in Schlesien. Damals im Hirschberger Tal.

Herr B. schaut mich an, höflich und freundlich. Keine Wut jetzt, kein Ausfall, keine Russen.

„Das ist der Herr Pfarrer. Wir singen ihm mal das Rübezahllied."

Tatsächlich singen sie mir das Rübezahllied. Und Herr A. schaut mich nickend an.

Nennt mir Namen und Todesjahre seiner Vorfahren. Und wo sie da liegen.

Auf dem Erdmannsdorfer Friedhof. Links die Salzburger Flüchtlinge, die evangelischen. Rechts wir Katholiken. Onkel Anton, das war ein getaufter Jude. Der liegt bei uns Katholiken. Und der kleine Judenfriedhof, vom Viehhändler Steiner und von Malcha, der Marketenderin, der liegt gleich daneben, hinter dem Ahorn.

Immer fester nimmt er meine Hand. Nickt, strahlt, richtet sich immer gerader auf. Ich muss an die wunderbaren Geschichten im ersten Buch Mose denken, über Abraham etwa. Da heißt es nach dessen Tod:

„Und er versammelte sich zu seinen Vätern und Müttern."

Auch wenn Herr A. in Magdeburg begraben sein wird: schon jetzt und schon lange bereitet er sich vor, dort in Erdmannsdorf einzugehen in Gottes hiesigen und auch in Gottes ewigen Acker.

Dienstag 14. Juli 2015

Strahlend begrüßt mich ein Patient in der Chirurgie. Leider bin ich nicht unmittelbar im Bilde. Er muss nachhelfen: Der Geologe aus St. Petersburg sei er, der Wladimir sei er doch!

Ich rätsele weiter.

Und aus der jüdischen Gemeinde komme er.

Aaah! Jetzt dämmert es mir.

Beim letzten Mal habe der Gemeindevorsteher mir Grüße aufgetragen.

Jetzt bin ich wieder im Bilde: Ja klar, lieber Herr N. aus St. Petersburg ! Shalom!

Und dort im Nebenbett, fährt Wladimir gleich fort, dort im Nebenbett, das sei Igor, der könne schlecht Deutsch.

Igor, betagt wie er ist, springt auf als wie zum Appell, begrüßt mich und beginnt zu sprechen.

Wladimir übersetzt: Igor komme aus der Ukraina, aus Dnjeprpetrowsk, sei Autobauer. Und orthodox.

Igor strahlt, zeigt auf die kleine Ikone am Nachtschrank. Und schlägt dann Wladimir lachend auf den Rücken. Wladmir schlägt genauso herzlich lachend zurück

Aha, denke ich, wenn dass der Hitler wüsste! Und der Stalin!

HaShem, unser Gott, der weiß … Halleluja! ER weiß und lacht mit.

Mittwoch 15. Juli 2015

Familie? Ob er Familie habe? Ja, schon, aber die noch da seien, die seien schon lange im Westen. Ausreise damals, Sie wissen, mit Ausreiseantrag, fünfundachtzig.

Meine Frau hat gar nicht mehr mit denen gesprochen. Und ich? Hab nur geschrien damals, geb ich ja zu, nur …nur angeschrieen hab ich die.

Gleich alle beide wollten sie weg, die Große und die Kleine dann auch, waren da in Leipzig in so Kreise geraten. Dann … dann war lange Jahre Funkstille.

Irgendwann standen sie mal vor der Tür, vier oder fünf Jahre nach der Wende. Tach … ja … Tach. Mmh. So oder ähnlich standen sie da vor der Tür, mit Händen in den

Taschen, halb noch auf dem Treppenabsatz. Ne, keine Zeit für 'nen Kaffee, müssen weiter, müssen zurück, morgen früh schon arbeiten, müssen wieder zurück sein, nach Kaiserslautern die Kleine, nach Saarbrücken die Große.

Sind wir, meine Frau und ich, ja, sind wir da mal vorbei. Ein Jahr später haben wir so getan, als ob wir … na, als ob wir auf dem Weg in den Urlaub sind, haben uns einquartiert in einer Pension. Und haben dann mal geklingelt. Stand da ein fremder Mann in der Tür. Sagt: Wir sollten warten. Gut, die Kleine hat uns nach drei Minuten Türwarten reingelassen.

Die Große – die Große nicht. Hat aber hinter der Gardine geguckt, hab ich genau gesehen. Mit der Großen ist jetzt Funkstille, seit, naja, 20 Jahre sind es jetzt auch schon.

Mit der Kleinen … naja … ab und an telefonieren wir.

Und als meine Frau starb – da kam sie zum Friedhof, sogar noch auf den Kaffee mit ins Gasthaus ist sie gekommen, da beim Westfriedhof draußen. Aber dann gleich wieder zurück, wirklich nur 'nen Kaffee und 'ne Zigarette, am selben Tag gleich zurück, quer durch Deutschland hin und zurück, keine Nacht mehr in Magdeburg, oder jedenfalls nicht bei uns. Ich glaube, die ist tatsächlich gleich wieder zurück in die Pfalz.

Ob sie weiß, dass ich jetzt hier liege, hier im Hospiz, fragen Sie sicher? Ja, sie weiß es … und … und sie will auch kommen, wenn jetzt die Ferien anfangen bei denen, in drei oder vier Wochen, ja, da will sie kommen. Wohl ohne die Enkel, die … die hab ich ja auch nur einmal gesehen, die sind längst erwachsen. Was sollen die hier bei einem todkranken fremden Mann?

Vielleicht bin … vielleicht bin ich ja noch da … noch am Leben, wenn die Kleine kommt …

Montag 20. Juli 2015

Es gibt Menschen, die sind oft einfach gut drauf.

Auch im Krankenhaus. Jener Bäcker, Ende 30, voll tätowiert. Liegt mit einem Gabelstaplerfahrer, Anfang 50, der ebenfalls gut drauf ist, in der Orthopädie.

Beide mit Rücken. Richtig dolle mit Rücken. Und nicht erst seit gestern mit Rücken.

Warum gut drauf? Na, erstens sind sie begeistert von der Klinik. Von ärztlicher Hilfe und von pflegerischer Umsorgung. Super alles, tut total gut, alle mehr als o.k.

Und zweitens macht das Leben meistens Spaß. Also jetzt mal so zum Beispiel, wenn man die Kurzen groß werden sieht. Und bei uns im Dorf, wie es – wenn man es sich mal klar macht – echt klasse ist, wie einer dem anderen hilft.

Na klar, und seien wir mal ehrlich, klar gibt es immer nen guten Grund zum Jammern. Aber bei uns in Deutschland, da ist doch oft Jammern auf hohem Niveau, oder? Wenn Du nur mal die Bilder siehst, da vom Irak, wo Du einfach abgeknallt wirst, bloss weil Du Pech gehabt hast?

Komm, mein Opa hat auch noch erzählt von Russland, von der Gefangenschaft, und wie er sogar da echte Menschlichkeit getroffen hat, auch und gerade auch beim Russen, auch anderes, gut, aber er ist durchgekommen, immer mit Haltung, ist so'n Vorbild von mir, der Opa und auch die Oma, wie die hier mit den Kurzen war, bei uns in der Altmark als junge Frau.

Einfach gut drauf, diese Männer.

Rotes Handtuch mit Schnüren

Montag 1. August 2015

Immer dieselben Fragen. Wie ich das aushalte? Diese Frage kommt regelmäßig. Heute kommt die Frage vom Möbelhändler, der akut als Patient mit hochgradig komplizierter Rückenoperation auf der orthopädischen Station liegt. Verwirrt und amüsiert reicht er mir die Hand zur Begrüßung und verstrickt sich dabei in die Leitungen seiner medizinischen und noch zahlreicheren unterhaltungselektronischen Schnüre. Dabei schwitzt er gehörig, hustet, lacht, setzt schließlich noch einmal an:

Was sind Sie jetzt genau?

Pfarrer Bartosch, Seelsorger hier im Haus.

Aha, Pfarrer, ja … (hustet, lacht, wischt sich die Hände am T-Shirt), aber … äh … Sorgen müsse er sich jetzt keine speziellen jetzt machen, nein?

Nein, muss er nicht.

Kurz erkläre ich ihm, ich sei auf meinem üblichen Stationsrundgang.

Ach so … so eine Art Rundgang machen Sie hier, ich mein… ja, wär ich nie drauf gekommen, dass es sowas gibt.

Wie es ihm gehe, frage ich ihn.

Wie es ihm gehe? (Husten wieder, Lachen, Hände am T-Shirt, viel viel Schwitzen). Na, beschissen gehe es, das sei doch offensichtlich.

Aber jetzt noch mal von vorn, Sie sind dann also Pfarrer und machen Rundgänge?

Wieder ruckt und zuckt er an den vielen Strippen und Schnüren.

Der Schweiß, er läuft und läuft wird jetzt mit einem sehr großen, sehr roten Handtuch abgetupft, nein: richtiggehend abgewischt wie von einer regennassen Fensterscheibe.

So, und dann hören Sie die Geschichten? Jeden Tag die Geschichten … Ja gut, kann ich mir ja vorstellen, was sie da hören. Viele krank, viele bisschen krank, manche richtig scheiße krank. Auch … auch Tote, oder? Deshalb, übrigens deshalb jagen Sie einem ja auch so einen Schrecken ein. (Stärkeres Husten, leiseres Lachen, Hände schon wieder am T-Shirt und dann gleich noch mal das sehr große, sehr rote Handtuch über den gesamten Kopf gewischt.)

Kommen Sie … kommen Sie, also ich meine: kommen Sie übrigens heute schon von einem Toten, vielleicht von da hinten im … äh … Kinderhospiz? Steht ja jetzt immer in der Zeitung, Ihr Kinderhospiz.

Ich schüttele den Kopf.

Aha, nein, heute nicht, heute noch kein Toter? Schon gar nicht im Kinderhospiz?

Und ein neuer dicker Schwall Schweiß wandert ins geradezu blutrote Handtuch.

Naja … und die Geschichten … jeden Tag Geschichten würde ich also hören, meine Güte! Und Trost und so was, oder? Trost spende doch so einer wie ich, ja? Wie … wie das denn ginge beim Trösten bei den Toten, also bei den Familien und so, ginge das überhaupt?

Im letzten Moment fängt er sein Smartphone auf, das um ein Haar in Folge von Kabelsalat auf den Boden gefallen wäre.

Nun gut, er als Möbelhändler, jetzt mal so gesehen, und so als Verkäufer, seit vielen Jahren als Verkäufer – man lerne sie ja kennen, die Menschen. Gut, es ginge um Möbel und um Holz und um immer viel billig. Bei vielen, bei den meisten. Und meistens übrigens, meistens liege er richtig. Wenn sie da reinkämen, die Kunden, dann sähe er schon, wer da käme. Menschenkenntnis halt, so wie ein Seelsorger.

Er lacht wieder in dieser ihm eigenen auffälligen Tonalität, aber nicht unfreundlich laut, wedelt sich kreisend mit dem Handtuch Luft zu. Dabei fällt beinahe die kleine Lautsprecherbox auf den Boden. Er fängt sie in letzter Sekunde auf.

Na ja, und immer dieselben Geschichten, auch er kenne das.

Meist nur in groben Zügen erfahre man die Geschichten, manchmal aber doch sehr genau. Glückliche frisch Vermählte, die gäbe es auch. Die kauften aber nicht so viel, wie man vielleicht denkt.

Eher so völlig Leergelaufene, Entschuldigung, ich sage das jetzt mal so, so völlig Leergelaufene, die kaufen auf einmal so eine besonders ganze große Garnitur. Oder nach der Scheidung. Dann brauchen die was Neues. Oder nachdem einer tot ist, der Partner oder so. Dann brauchen die was zum Nicht-immer-erinnert-werden.

Aber dann erzählen die erst mal. Mir …

Und … immer gut zuhören müsse er, (er wedelt weiter handtuchschwingend nach Luft) und nie *zuu* viel nachfragen, das Gebot der Diskretion, ich wisse das ja. Manchmal müsse man dann auch mal drauf hinweisen, dass das jetzt ein Möbelhaus sei und kein Cafe und dass da noch andere Kunden seien. Höflich, immer schön höflich müsse man so was sagen.

Das rote Handtuch tanzt wieder und wieder, fast im Crescendo, über den Kopf und über die klitschnassen, strähnig werdenden Haare.

Ah ja, und so macht das also auch ein Pfarrer. Das wäre ja mal was, das zu sehen.

Er lacht schon wieder, durchaus gewinnend, gar nicht mal so mit Verkäuferabsichtlichkeit. Er lacht, und wieder spannt sich eine der vielen Schnüre.

Eine der vielen Zeitschriften auf seinem Bauch, sie rutscht jetzt von der Bettdecke, klatscht auf den Fußboden.

Immer dieselben Geschichten. Er könne so was ja nicht, so mit Trost und Toten.

Wie ich das denn aushalten würde? Ich sei ja noch jung. (Pfarrer sind immer mindestens 65, denke ich. Kommen schon so auf die Welt. Und den Möbelhändler schätze ich als deutlich jünger als mich ein.)

Aah, jetzt komme da die Schwester. Die seien nett hier, die Schwestern, würden einen immer mit Namen hier begrüßen. So mache er das auch im Möbelhaus, frage irgendwann nach den Namen, das käme immer gut. Und nicht in jedem Krankenhaus würden sie nach dem Namen fragen. Aber hier schon.

Schwester, das ist ja 'n Ding, dass ihr hier 'n Pfarrer laufen habt! Der einem mal was ganz anderes erzählt. (Er sagt „erzählt“, obwohl weit über 90 Prozent der Gesprächsanteile bei ihm lagen. Aber das ist in Ordnung. Er war ja trotzdem im Kontakt mit mir. Deshalb darf er das gut und gerne so sagen.)

Na, und das mit Gott (er zeigt zur Decke) … fertig sei er nicht mit dem … na, mit dem (wieder zeigt er zur Decke).

Das Handtuch muss wieder her, mehrfach schlagend.

Aber könne man ja vielleicht auch nicht, so fertig werden mit dem da, oder Herr Pfarrer?

Husten, kräftiges Lachen…

Und so kommen wir schließlich fein auseinander, der Möbelhändler und der Pfarrer. Mit Gruß und mit Segen. Sogar vor der freundlichen Schwester. Und: mit vielen, vielen Schnüren und mit jenem unvergesslichen knallroten Handtuch.

Dann stehe ich da nun auf dem Flur. Und repetiere: Immer dieselben Geschichten. Ja, das stimmt. Und es ist mühsam, manches Mal. Das mit den „immer dieselben Geschichten". Richtig mühsam, und immer wieder ein neuer Anlauf. Ich gehe ein Stück über den Flur. Immer dieselben Geschichten?

Aber dies ist nicht alles, was dazu zu sagen wäre. Bei Licht betrachtet nämlich, gleicht keine Geschichte der anderen.

Bei Licht betrachtet: Nicht *annähernd*!

Mittwoch 3. August 2015

Warten, im Krankenhaus müsse man immerzu warten.

Dieser Satz fällt nicht mit Beschwer oder gar Nörgelei.

Warten müsse man … und hoffen.

Dabei schauen mich zwei alte wache Augen unverwandt an.

Geriatrische Station.

Das kenne sie wohl aus ihrem Leben, frage ich, das mit dem Warten?

Schlagartig wird ihr Gesicht dunkel.

Ja, das kenne sie.

Sie schweigt, kramt mit den Fingern auf der Bettdecke.

Ja, das kenne sie.

Von ganz früher?

Ja, von ganz früher.

Ob … ob ich fragen dürfe, wo sie herstamme?

Gerne dürfe ich fragen, man würde das ja heute selten gefragt. Aus Hinterpommern, ob ich das kennen würde.

Ja, aus einigen Urlauben, Seenplatte als auch Ostsee.

Seenplatte, Dramburg, da stamme sie her, das würde ich dann ja möglicherweise kennen.

Ja, das kenne ich.

Und das, das ist meine Heimat. Da war ich bei den Jungmädels, beim Adolf. Immer zur selben Zeit als wie der Konfirmandenunterricht. Das sei ja System gewesen. Und dann kam bald die Front. Sie und die beiden kleinen Schwestern, sie seien nach Kolberg geschickt worden. Weil da ein Schiff noch ginge nach Dänemark. Aber da ging kein Schiff. Da war noch mehr Front, da war Festung. Und Hunger.

Schnee trinken, das war alles, was noch war. Und warten, worauf eigentlich? Aber warten eben. Und die kleine Marlen. Die war auf meinem Arm, die kleine Marlen, können Sie sich das vorstellen?

Nein, das könne ich mir nicht wirklich vorstellen, als Nachgeborener, sage ich leise, aber … ob sie überlebt habe, die kleine Marlen?

Ja, sie habe überlebt, das sei das größte Wunder in ihrem Leben. Können Sie sich vorstellen, dass ich da am meisten stolz drauf bin, bis heute?

Ja, das kann ich mir vorstellen.

Die Marlen, die ist ja später jung gestorben, an Krebs.

Und wieder kramen die Finger auf der Bettdecke.

Wir sind ja als ganze Familie erst 55 rausgekommen aus Pommern. Solange haben wir noch arbeiten müssen dort. Und warten, dass … naja, dass wir rauskommen.

Schön war es nicht. Aber der Pole, der ist ja auch vertrieben worden, von Litauen und von hinter Brest und so. Der hatte auch nicht mehr als wir. Ganz dürre Blechkreuze nur für die vielen gestorbenen Polen, nicht alt geworden.

Ganz dürre Blechkreuze mit polnischen Namen auf unserem alten deutschen Friedhof. Aber fünfundfünfzig sind wir raus, sind halt doch irgendwie Deutsche. Jetzt nicht so national und so. Mehr so vom Gefühl.

Gerad' weil es dann nicht so einfach hier war. In fünf Städten waren wir, erst Quarantäne und so; der Sozialismus war ja immer sehr mit Hygiene. Und auch … auch Warten, wo wir denn schlussendlich mal landen.

Später in Gommern, da sei es gut geworden. Da haben sie das Erdölkombinat hochgezogen, da gab es Wohnungen. Na, und jetzt ist man alt. Die Uhr läuft. Und man wartet wieder und man wartet.

Ja, Herr Pfarrer, sehen Sie, jetzt habe ich Ihnen mein ganzes Leben erzählt.

Jetzt kann ich weiter warten.

Sie lächelt, streicht die Bettdecke und reicht mir die Hand:

Und … alles Gute Ihnen.

Auch Ihnen muss man mal alles Gute wünschen.

Sie winkt noch, als ich mich an der Tür ein letztes Mal nach ihr umdrehe.

Winkt wie von sehr nah und wie von sehr fern.

Eineinhalb Stunden später, auf der internistischen Station:

„Prrotestantin bin ich!“ – So werde ich begrüßt von einer Mittvierzigerin. Eine Ingenieurin im Anlagenbau, Hände-, Blut und Gesichtsausdruck kongruieren eindrucksvoll.

„Prrotestantin, das heißt für mich: Hugenottin! Schon die Großmutter und die Mutter.

Reformierte Gemeinde Burg.“

Anstand Widerstand Klugheit – das sei die Trias von uns Hugenotten. So habe es die Großmutter gelehrt. Und die Mutter, alleinerziehend, die habe das auch immer gesagt – und beherzigt, furchtlos vor Fürst wie Papst.

(Ich scheine am Grundstrom des hugenottischen Matriarchates zu stehen.)

„So welche wie die Käßmann, die mögen wir nicht. Zu viel Tamtam. Und, wissen Sie:

Kurz nach der Wende, da sind meine Mutter und ich am 14. Juli nach Paris gefahren.

Um die Trikolore zu grüßen, am Nationalfeiertag. Sozusagen unsere Fahne.

Jetzt wissen Sie, wie ich ticke. Daher: So ein Herzinfarkt, wie ich jetzt hatte? Nicht prickelnd, aber jetzt gilt erst recht: Luft holen und weitermachen.“

Üblicherweise wird mir bei Menschen mit solcher Art „Weitermachen“ – Aussagen immer auch ein wenig mulmig. Oder ich werde angestrengt, weil diese Menschen sich so anstrengen oder meinen, sich so anstrengen zu müssen. Hier nicht. Zu meiner eigenen Verwunderung: Hier, gleichsam am Grundstrom des hugenottischen Matriarchates wird mein eigenes Herz weiter.

Und zum Abschied bekomme ich, man möchte sagen: standesgemäß, noch einen Honecker- und einen Kohlwitz zu hören …

Wachregimenter

Donnerstag 28. August 2015

Klar, auch bei Felix Dzerzynski war er, ich wisse schon … im Wachregiment, als Mitglied der Staatssicherheit … (die wenigen, die offen zugeben, bei der Stasi gearbeitet haben, betonen immer sehr auffällig auf dem „sicher").

Der ältere Herr, Staats*sicher*heit, mit Händen wie Schaufelräder sitzt vor mir. Im weißen Unterhemd, behaarte Brust, behaarte Oberarme. Aber dann habe er über den Durst getrunken, ein einziges Mal, ein Mal zu viel halt. Vorher den Stoph gefahren und auf den Wolf aufgepasst und auf die alle.

Echter Geiseltäler sei er, Proletarier, dritte Generation, Halle Buna Mücheln.

Und nach fünfundvierzig seien *sie* dann mal dran gewesen.

Die großen Bauern, die seien bei mir, die seien in der Kirche gewesen.

Und er währenddessen auf dem Acker. Für den Alten die Ernte einbringen, während der erst betete, dann soff und dann an die Weiber ging, auch an seine Schwester.

Seitdem sei Schluss mit Gott.

Er wischt den Tisch langsam von links nach rechts frei. Er wischt erstaunlich – unaggressiv, fast möchte man sagen: freundlich, fast möchte man sagen: verbindlich.

Höflich hat er mir zu Beginn des Gesprächs den Stuhl gewiesen. Nun, jetzt wolle er mal mit dem Pfarrer reden, wo der schon vorbeikomme. Hier in so einem Nonnen-Krankenhaus. Und er könne sagen: Jawohl, ein wirklich selten anständiges Krankenhaus.

Wieder und wieder wischt er nun während unseres Gesprächs, na: während seines Erzählens den Tisch frei.

Nein, mit Gott sei Schluss. Stattdessen: Der Sozialismus. Er habe das sehr geliebt, den Sozialismus. Aber ich würde ja sehen, alles habe ein Ende, auch der Sozialismus. Von dem er, er könne es nur immer wieder betonen, viel gehabt habe:

Lehre, anständige Arbeit, Armee, Wachregiment, dann wieder Arbeit. Und viel schönen Sport, so als Gewerkschaftler. Ihm habe man nichts vormachen können beim Kugelstoßen.

Ein Blick auf Brust und Oberarm lässt alle weiteren Fragen entbehren.

Naja, ja … er sei eigentlich zufrieden mit dem Leben. Im breiten hallensischen Dialekt schaut er erst versonnen aus dem Fenster. Und mir dann mitten ins Gesicht rein. Er klopft seine Mühlrad-Hände aufeinander.

Ja. Ja … doch. Ja, doch, er sei wirklich zufrieden.

Das klingt mir nach Rundung, regelrecht nach gutem Abschluss. Und so stehe ich auf, verbeuge ich mich vor ihm; wir reichen uns die Hände, meine kleine Pastorenhand in seinem Mühlenrad.

Und ich wünsche ihm Gottes Segen. Den er nicht bespottet, nicht abwehrt, sondern dankend annimmt – auch wenn er Gott gerade vom Tisch gewischt hatte.

Aber, ach, was war es, was ist es wirklich, das er da vom Tisch gewischt hat?

Donnerstag 10. September 2015

Der bulgarische Ingenieur, internistischer Patient, lebt seit drei Jahrzehnten qua Heirat in Magdeburg. „Die Sonne fehlt manchmal, gerade im Frühjahr", sagt er. Und als orthodoxem Christen fehle ihm manchmal jener Chor sehr hoher und sehr tiefer Stimmen, die er im Kloster als Kind zu hören bekam, mit der Großmutter. Sonst liebe er sein Magdeburg.

Sein Sohn, sein Ältester vor den beiden Töchtern, der habe es schwer gehabt in der DDR. Und sei abgehauen, noch kurz *vor* der Wende, über Ungarn. Das sei eine harte Zeit gewesen vor der Wende, für die ganze Familie, viele Tränen. Auch *nach* der Wende, als er selbst arbeitslos wurde, das erste Mal im Leben kein fester Rhythmus. Er habe sogar das Saufen angefangen, aber rechtzeitig bremsen können.

Dank seiner Frau, einer großartigen Frau, „echte Magdeburgerin", strahlt er. Eine Anstellung habe er wieder gefunden, Projektbüro.

Und mit dem Sohn habe es erst Funkstille gegeben. Und seit zehn Jahren kämen die immer mit den Enkeln, aus Stuttgart. So schön.

Und jetzt, er kramt die Beilage einer überregionalen Zeitung heraus. Ich solle mal lesen, der Leserbrief *seines* Sohnes:

Wegen der Flüchtlinge. Er wisse, was das sei, schreibe der da. Und dass das alles, die Unterstützung für die Flüchtlinge, ein Gebot der Menschlichkeit sei.

„Und – " der Papa muss schlucken „ – und mein Sohn schreibt, dass er seinem bulgarischen Papa verdanke, dass er …"

Heftigeres Schlucken.

„ … dass er *alle* Menschen gleich achten könne. So was in der Zeitung! Vom eigenen Sohn! Schöner als ein Lottogewinn!"

Montag 14. September 2015

Die Straßenbahnfahrerin kennt keine Verwandten. Sie mischt das ganze Vierbettzimmer in der Orthopädie auf: „Ach, Pfarrer sind Sie … " So reagiert sie, als ich mich allen in der Mitte des Raumes vorstelle.

„Sie sehen nicht aus wie ein Pfarrer. Die sehen immer heilig aus."

Als ich protestieren will: „Nein, hör auf, Sie wissen, wie ich das meine."

Sie holt Luft, hebt noch einmal an: „Guck mal da, Pfarrer!"

Und kurz danach erzählt sie ihr halbes Leben, von Mann und Kind, von neuer Hüfte und altem Hund. Und fasst schließlich laut lachend zusammen: „Allet chic, Herr Pfarrer, allet chic."

Das klingt alles in der Tat ziemlich un-verdrängend.

So wie neben ihr die Friseurmeisterin. Die vor mir erst mal ein kleines Feuerwerk der Menschenkenntnis abfackelt.

Und der Menschenliebe. Selten habe ich jemand so klar von der Seelensorge-Affinität des Friseurshandwerks reden hören.

Die dritte Dame im Zimmer schließlich ist eine Studentin der Sporttechnik. Ehrenamtlich in der Flüchtlingsarbeit tätig, vollkommen unbetulich. Wie sie in einer afghanischen Familie jetzt kochen lernt, sie kann es herrlich beschreiben. Zu ihrem Krankenhausaufenthalt: „Kleine Fußkorrektur, Fehlstellung, ist gar nichts, wirklich nicht, wie gut, dass es so was wie hier gibt."

Und die vierte Dame, sie liegt tiefenentspannt in ihrem Bett und schläft und schnarcht. „Wenn Sie die erst mal erleben würden, die ist noch schlimmer als wir alle zusammen! Jetzt ist sie mal stille wegen frischoperiert. Aber ansonsten, die ist vom Radio, aber so was von normal dabei, die bringt uns alle noch groß raus. Und dann macht die mal so'n Talk mit Ihnen in Ihrer Kirche da drüben, mit uns allen da in Ihrer Kirche, so über Gott und über de Welt, passen Se mal auf, wir melden uns."

Selbst wenn ich weiß, dass dieses Trio-Quartett sich nicht melden wird wegen Talk aus der Kirche, ich überlasse ihnen fraglos jedes demnächst anstehende Seelsorgeseminar als Leitungsteam.

Wenn man so rumkommt auf Station

Donnerstag 7. Oktober 2015

Gesichter, jeden Tag Gesichter, jeden Tag viele neue Gesichter.

Sozusagen ein Strom von Gesichtern und von Geschichten.

So geht Krankenhausseelsorge, so geht auch Diakonie.

„Guten Morgen, ich bin Pfarrer Bartosch. Ich mache gerade meinen Rundgang über die Station. Und ich will Sie mal begrüßen."

So beginnt das, mehrere dutzendmal am Tag.

„Ach, wer?"

Die alte Dame sammelt ihre dünn gewordenen Knochen, richtet sich am Bettgalgen hoch. „Wer sind Sie?"

„Der Pfarrer."

„Der Pfarrer! Ach, ne, an den Pfarrer glaub' ich nicht."

„Müssen Sie ja auch nicht, ich glaub auch nicht jedem Pfarrer", gebe ich amüsiert zurück.

„Ne, Pfarrer, das geht wirklich nicht, aber gar nicht."

Dabei schaut die Dame weder aggressiv noch schockiert.

„Pfarrer, das geht nicht, wissen Sie warum? Wegen dem Krieg."

„Wegen dem Krieg?"

„Na, warum gibt es denn immer Krieg! Und jetzt all die Flüchtlinge! All die armen Dinger! Müssen ganz von vorn anfangen in der Fremde, alles wegen dem Krieg … und!"

Sie hebt so energisch wie es mit 90 irgend geht die Brauen:

„Wegen dem Mammon. Das macht mich verrückt und verzweifelt, wissen Sie! Und da soll ich einfach glauben wie ein dummes Schaf? Nein."

„Gute, liebe Frau, Ihnen geht es ja fast so wie mir. Also mit der Verzweiflung über diese unglaublichen Nöte, die gerade sichtbar werden. Und unser aller Verstrickung darin."

„Und da soll ich an Sie Pfarrer glauben??"

Immer noch guckt sie mich gänzlich unaggressiv an.

„Nein, das müssen Sie doch wahrlich nicht. Und selbst am lieben Gott kann man da oft irre werden, aber gewiss."

Jetzt reckt sie sich fast in die Senkrechte im Bett, die Sehnen gespannt wie Schiffsseile: „Das ist es ja, das ist es ja!"

Sie schaut mich unumwunden weiter an.

Spontan nehme ich ihre Hände, streiche vorsichtig über die Sehnen, wünsche ihr Gottes Segen und bedanke mich ausdrücklich bei ihr:

Für ihr gerades Herz.

Für ihren echten Kyrie-Ruf aus ganzem Herzen.

Die Dame im Nebenzimmer zählt kaum weniger an Jahren. Schlohweiß liegt sie in ihren Kissen, spricht leise und ein wenig verwaschen, offensichtlich nach einem Schlaganfall. Aber mit einer Selbsterziehung, die mir als mehr erscheint als jedes kasernenhofige Strammstehen.

Sie sei ja von Kiel, sagt sie, echt holsteinisch mit angeschliffenem K und mit mindestens drei großböigen I gesprochen: Khiiil.

Jo!

Und jetzt so seit 71 Jahren sei sie verheiratet, leider sei ihr Mann gerade unpässlich.

Der habe Schnupfen und könne sie heute mal nicht besuchen. Was er sonst selbstverständlich täte.

Jo!

Nun würde sie mal wieder die Zeitung weiterlesen, die Ostseezeitung. Die habe sie abonniert, die und die Volksstimme.

Jo!

Weil ihr Mann, der komme aus der Börde, aus Ummendorf. Und jeden Vormittag würde erst jeder die eigene Zeitung lesen. Und das dann später dem anderen bei einem zweiten Pott Tee vorlesen.

Jo!

Das sei doch fein, nächch?

Wenn man so unterwegs ist auf Station. Eine Dame aus dem Kulturleben des Bundeslandes, durchaus bekannt: „Guck mal, jetzt kann ich mal gucken, wie ein Pfarrer das so macht“, strahlt sie mich an.

„Äh … “

„Ne, machen Se mal weiter, ich guck mal zu … “

Sie gluckst, reckt und streckt sich, schaut mir braungebrannt fröhlich direkt ins Gesicht.

„Machen Se mal weiter, dann kann ich mal Pfarrer gucken.“

Dreh ich zunächst mal den Spieß um und frage sie nach dem üblichen Wer und Was und Wie. Nette Antworten, freundliche Gesten.

„So, und jetzt sind Sie dran!“

Sie stößt mit dem Finger lachend in Richtung meiner Nase.

„Äh … ja… Wollen Sie wissen, was ich mache oder was ich glaube …?“

„Nö, auf so was hab ich keine Lust, das ist mehr so Geschwafel. Ich guck‘ mehr auf das, wie ein Mensch sich so gibt, wie er sich bewegt. Machen die Leute ja bei mir auch, ist doch nichts Schlimmes!“

Die Nachbarpatientinnen sonnen sich ein wenig im in der Tat funkensprühenden Licht der Kulturschaffenden. Man hat sich schon mal hier und da gesehen, diesseits und jenseits von Scheinwerfern und Bühnen.

Ob denn so’n Pfarrer eigentlich auch ein Schauspieler sei, also, ob er auch so was lerne, fragt auf einmal die eine Dame, geschätzte Ende 30, Verkäuferin, Blutdruck.

„Gute Frage“, rutscht es mir heraus, „sehr gute Frage!“

Leider mangele es an unmittelbarem Lernen, wie ein Auftreten ginge. Leider, viel Lesen, viel Bibliothek, viele Bücher, viele Zahlen, viel Geschichte und so. Schon auch interessant und erweitert auch den Horizont, aber … weniger so … so Auftreten. Wär ja nur eine Frage gewesen, entschuldigt sie sich fast.

Aber ich bedanke mich ausdrücklich: Denn in meinen Augen ist diese Dame Verkäuferin samt Blutdruck gesetztes Mitglied der Reformkommission Theologiestudium und Pastoralausbildung. Die Kulturschaffende natürlich auch …

Wenn man so rumkommt auf Station. Natürlich gibt es auch Streitgespräche, auch untereinander. Und mittendrin im Zimmer, bettenzwischen, der Pfarrer.

Die Große Flucht, die Flüchtlinge, natürlich: Seit Wochen das Thema.

Die eine Dame kommt aus Schlesien. *Nichts* hätten sie damals bekommen hier.

Alles hätten sie sich aufbauen müssen, *alles*. Heute dagegen, Taschengeld bekämen die alle, richtig doll. Und hätten alle die neuesten Telefone für um nach Afrika telefonieren. Sie dagegen damals: *nichts*. Nicht mal über die Heimat reden, hätte sie gedurft, ihre Eltern nicht, sie als Kind nicht. Schlesien hätte es wie nicht mehr gegeben. Und die, die könnten jetzt immer telefonieren nach Damaskus und so.

Und auch mit dem Islam. Ob der zu Deutschland gehöre? Sie wisse ja nicht...

Moment mal!

Die andere ältere Dame, wie sich herausstellt kindheitsgeboren aus Hinterpommern, richtet sich geradewegs auf:

Aber gerade *wir* können das doch nachfühlen! Einfach rausmüssen! Und die dann reinkamen in unsere Häuser, alles arme Schlucker aus der Ukraine, selber vertrieben. Wir, wir Alten, *wir* können uns das doch am besten vorstellen!

Und auch jetzt und hier und heute das „ganz normale" Sterben. Ja, so muss man es vielleicht einmal aussprechen: Jenes Sterben, was dramatisch und still, furchtbar und oft auch friedlich ist ...

Auf der Palliativstation liegt die Mittsiebzigerin. Ihr Atem, ihr Luftsonstwoherholen, ihr Schnauben, das durchzieht sie und ihren Raum und ihren Mann und ihre Schwester.

Feine Menschen alles, liebevoll miteinander. So was fühlt man, kaum dass man die Klinke gedrückt und ins Zimmer gegangen ist.

Atemzüge – Pausen – Rhythmen – Züge.

Die Hände geschwollen, aber entspannt. Kein Schweiß auf der Stirn, sich zunehmend glättende Haut.

Mann und Schwester, auf jeder der Seiten, an der Hand.

Dass sie jetzt auch gehen dürfe, dass sie sie nicht festhalten. Dass alles gesagt sei. So würden sie es jetzt immer wieder und wieder sagen.

Stille. Atem. Ein Schnauber.

Wieder ein paar Sätze Erzählen: Ingenieurin sei sie gewesen, auch an der Trasse, Sibirien, nichts sei ihr zu hart gewesen. Und sie habe immer geschwärmt, von der Gemeinschaft dort, von den feinen Sibiriern und Russen und Tadschiken und Georgiern, und wo die alle herkamen.

Atemzüge. Pausen. Rhythmen. Züge.

Immerhin: Diese Dame hat dafür gesorgt, dass wir es heute warm haben aus Öl- und Gasleitungen, gebaut von fernher. Auch das spreche ich aus, das mit der Wärme.

Jaja, auch im übertragenen Sinn können Sie das ruhig nehmen, Herr Pfarrer.

Dem Ehemann gehen Tränen über seine fleckigen Wangen.

Jaja, auch im übertragenen Sinn, wiederholt er.

Die … die Wärme.

Drei Zimmer weiter auf der Palliativstation, eine andere Dame, dreißig Jahre jünger als die sibirische Ingenieurin. Und: Mutter.

Mutter sei sie und ihr Kind sei spät gekommen, sei gerade erst eingeschult worden.

Sie schluckt, gießt sich dann sehr langsam und angestrengt Wasser nach.

Sch… Krebs!

Ihre Augen sind so groß wie Teleskope.

Sch… Krebs, wiederholt sie, da können *Sie* auch nichts machen.

Sie trinkt noch einen Schluck.

Wobei – ihr alle meint das ja lieb hier. Das kommt an. Bei mir und bei meinem Mann. Im Hospiz war der neulich auch schon mal. Was soll's denn? Da müssen wir jetzt durch, alle zusammen.

Pause, wieder Wasser, Blick aus dem Fenster.

Und kam ganz friedlich von dort zurück, mein Mann. Was dort für Menschen arbeiten würden, im Hospiz! Das tut schon mal gut. Ist aber trotzdem sch… mit dem Krebs.

Die Teleskop-Augen schauen plötzlich stracks in mein Herz. Selber muss ich schlucken. (Werde gleich mal dringend ein Wasser trinken in der Stationsküche.)

Sie wolle jetzt noch mal schlafen, sagt sie. Bevor ihr Mann nachher käme. Das verstünde ich doch.

Ja, das verstehe ich gut. Ich trete zu ihr, beuge mich leicht, nehme meine Hände ineinander, schüttele sie vor ihr. Ich wünsche ihr und ihrer Familie Gottes Segen.

Ja, sagt sie. Und sie zeigt auf die Kinderbilder, die ich jetzt erst sehe. Sie hängen an der Schrankwand neben dem Bett. Blumen, Viele Blumen. Viele Blumen sind da gemalt. Und ein „Mama" gekrakelt.

Ja.

Adieu, sage ich noch mal, die Türklinke in der Hand.

Und erfahre auf dem Flur, dass die Stationsärztin, die Phyisotherapeutin und der Pfleger ebenfalls ganz bewegt sind.

In der Küche das Glas Wasser, Schluck für Schluck, Schluck für Schluck …

Nach einer längeren Pause im Nachbarzimmer:

Der Herr mit der neuen Hüfte zeigt sich stolz auf Deutschland. Er komme aus Ungarn. Und sei seit kurz nach der Wende hier. An der Uni. An einem Lehrstuhl.

Geboren und aufgewachsen sei er in Österreich. Dahin seien seine Eltern geflohen, 56 nach dem Aufstand. Er habe hier den Osten Deutschlands immer geliebt, das sei ihm ja irgendwie auch sehr vertraut hier. Und jetzt, jetzt sei er so gerührt. Wie so viele Menschen in Deutschland die Flüchtenden willkommen geheißen hätten!

Seine Mutter habe zuletzt in Nancy, in Frankreich gewohnt, bei seiner Schwester, sie sei seit ein paar Jahren tot. Und der Vater auch. Die hätten beide geweint, wenn sie diese Bilder gesehen hätten von den vielen zupackenden Helfern. Die Eltern haben immer gesagt: Wenn die Wiener uns damals nicht so freundlich aufgenommen hätten, 56! Das haben sie uns Kindern eingebleut, bis wir später die Augen verdrehten.

Gut, auch dass das nicht wenig Reibung gab, auch in Wien damals, und dass die Eltern sich sehr haben anstrengen müssen … und *wollten.* Ja, jetzt erst kann ich sie verstehen, *richtig* verstehen, meine Eltern!

Drei Zimmer weiter erzählt mir eine Mittsiebzigerin von ihrem aktuellen Liebeskummer. Sie meint es ernst!

Vier Zimmer weiter lachen sich zwei andere Mittsiebzigerinnen halbtot über den Besuch eines …

… *Was* sind Sie? … Pfarrer? … Du liebe Güte … Ne, wir kaufen nichts!

Und so fort und so fort …

So geht sie, die tägliche Seelsorge.

Jedenfalls so, wie sie sich in einem offensichtlich der Diakonie zugehörigen Haus praktizieren lässt. Gesichter, Geschichten. Viel dutzendmal jede Woche.

Und es ist anstrengend, um ehrlich zu sein. Natürlich, es ist richtig, richtig anstrengend.

Es sieht locker aus. Und wie bei allem was locker aussieht: Das ist richtig, richtig Arbeit (andere Berufe können da ebenfalls ein Lied von singen). Ich bin kein Psychologe, wundere mich nach wie vor darüber, dass die Fachgesellschaft für Seelsorge „Deutsche Gesellschaft für Pastoralpsychologie" heißt. Das will nicht in meinen Kopf hinein. Es geht doch in der Seelsorge um die Seele, finde ich.

Auf hebräisch heißt die Seele *„näfäsch"* und sitzt in der Kehle. Und auf Griechisch heißt sie *„psyche"*. Die Psyche ist viel nackter, ungeborgener, ungeschützter, als wir oft wollen und denken. Gute Psychologinnen und Psychotherapeuten wissen das längst. Sie haben seit langem meinen tiefen Respekt und auch meine persönliche Dankbarkeit.

Die Seelsorge arbeitet dagegen elliptischer. Einerseits: Jene nackte, geborgenheitssuchende, freiheitssprengende *psyche*. Und andererseits: Alles Rufen, Danken, Bitten, Irrewerden, Rütteln, Hineinatmen, Getragenwissen um *HaShem,* wie auf hebräisch der Gottesname ehrfürchtig umschrieben wird (*HaShem* heißt schlicht: der Name).

Christliche Seelsorge arbeitet darüber hinaus *im Namen Jesu*. Das klingt logisch, ist es aber nicht. Denn wer ist *Jesus*, der Messias, der Heiland, der Christus? Und zwar: Jetzt! Hier! Wer ist er?

Manchmal werde ich begrüßt mit: „Ah, da wollen Sie uns mal was sagen." Oder: „Ah, da kommen Sie jetzt mit

Ihrem Trost." Beide – mal freundlich, mal spöttisch gemeinten – Angebote lehne ich stehenden Fußes ab. Beten und segnen, das kann ich und das will ich gerne tun. Ansagen und trösten, das kann ernsthaft kein Mensch, sondern nur Gott Heiliger Geist.

Da liegt er

Montag 2. November 2015

Palliativstation: Da liegt er, lang und gestreckt. 49 Jahre jung, kaum mehr Stimme.

Zunächst mal irritiert, dass da so ein … so ein … „Wie heißen Sie? … ah, Pfarrer“, so ein Pfarrer vorbeikommt. Brauche er, so gesehen, nicht. Nach 15 Jahren Krebs, nö … da brauche man keinen Pfarrer nicht. Naja … vielleicht der Sohn, vielleicht der …

Weil der ist da … na, sag halt, … in der Psychologie … nein … Psychiatrie, da ist der.

Sagt man ja nicht so gerne über den eigenen, den einzigen Sohn. Aber so sei es halt, wegen der Mama sei der da. Die sei ja tot, jetzt so seit fünf Jahren, naja … zusammengelebt hätten sie schon ewig nicht mehr. Sie, sie sei rüber, mit Ausreiseantrag, in den letzten Wochen der DDR noch. Da sei sie halt rüber, mit dem Jung, mit dem Enrico. Naja, und danach, gut … Wende war dann, und er, er sei hier geblieben. Nur mal kurz da unten in Frankfurt am Main, versucht wegen der Nähe zum Jung‘n.

Und dann wieder zurück nach Halle und jetzt nach Magdeburg. Gute Jobs habe er gehabt, Elektronik, immer gute Jobs und Geld, daher könne er die nicht verstehen, die jetzt immer jammern, er habe immer gute Jobs gehabt, … immerhin … immerhin bis vor vier Jahren, dann sei wegen Krebs und Rezidiv, dann sei Schicht gewesen. Naja, auch … auch der Tod der Verflossenen damals …

Gab nach ihr, nach der Monika, eigentlich keine andere mehr, nur mal so'n paar Kurzaffären … das habe ihn denn doch … naja, deren, Monikas Tod, Unterleibskrebs … ganz schön umgehauen … Und dann eben vor vier Jahren bei ihm selber Rezidiv.

Und der Enrico, den hätt's da, bei Mamas Tod, richtig gefetzt, so mit Psychiatrie.

Aber die haben den damals wieder hingekriegt, und der hat das weitergemacht, seine Pilotenausbildung, war topfit und Sportler und so.

Aber jetzt so, nach dem Absturz in den Alpen mit dem depressiven Piloten, jetzt hätten sie den Enrico noch mal gecheckt und noch mal … naja … so sehr empfohlen mit Klinik und … Psychiatrie. Und da käme der jetzt irgendwie nicht mehr richtig raus … Während der Papa … ach … na, ich halt, während ich hier so liege und so langsam und … naja…vielleicht jedenfalls … die Lebermetastase und auf der Lunge … naja … vielleicht … sterb' ich halt jetzt! So – jetzt ist der Satz mal raus!

Kannste bald durchzählen unsere kleine Familie. Eins zwei drei. Die Frau, die Ex.

Dann ich. Und … hoffentlich nicht auch noch drei. Der Enrico … nein! Der darf sich jetzt nichts antun! Vielleicht … braucht der mal 'nen Pfarrer, aber der Enrico ist ja jetzt in Frankfurt in der Klinik. Naja…Und ich? Ich … ich mach mir halt auch so … so … Gedanken.

Klar ... wissenschaftlicher Atheismus, bin ich groß geworden mit, klar. Das ... das bleibt man denn bis zum Ende, oder? Und jetzt kommen Sie so mit Seele und Kirche und Himmel, ach ... vielleicht ... vielleicht, wenn ich – wenn ich Sie bitten darf, dann gehen Sie jetzt – ich ... ich will ... will jetzt allein ... weinen. Nehmen Sie mir das nicht übel, bitte nicht. Kommen Sie vielleicht die Tage mal wieder ..."

Freitag 13. November 2015

Geriatrische Station: Vorgestern haben sie den jungen hospitierenden Medizinstudierenden Frau G. vorgestellt: Jaja, wie ein Model saß ich da, sagt sie.

Weil der Herr Chefarzt das so wollte. Weil er mir sagte: Frau G., die Studenten müssen mal echte Patienten kennenlernen, nicht nur Organe, daher müssen Sie denen mal aus Ihrem Leben erzählen.

Was mich gefreut hat, war ja ganz ungewöhnlich. Und ich hab' natürlich von Ostpreussen erzählt. Von früher, ganz ferne Welt für die jungen Dinger.

Hab' ich von meiner Mutter erzählt, wie die meine drei Schwestern und mich auf den Wagen gesetzt hat, ganz oben auf all den Hausrat und Bettwerk und Pferdefutter, bei minus dreizehn Grad. Mussten wir fliehen, so wie die heute alle, Hals über Kopf sind wir raus ... aber nur bis Quittainen gekommen, da lag schon der Russe. Hat sich meine beiden älteren Schwestern genommen, ich war ja noch Kind, noch nicht aufgeklärt, ich verstand nichts, ... erst als die zurückkamen, die Marie, ganz wirr der Blick, nur am Seibern der Mund, ich vergess das nie, seh' das glasklar vor mir.

Dreiundneunzig war ich noch mal da, in Serkillen bei uns und dort in Quittainen, Tschernajowsk heißt das ja jetzt. ... Und die Studenten haben gefragt, ob ich die Russen nicht hassen würde, und auch heute wegen dem Putin. Hab' ich denen gesagt: Nein, wieso, sind doch bettelarm da, Oblast Kaliningradskaja heißt das heute, Familien mit mongolischen Gesichtern, hat Onkel Stalin geholt von der chinesischen Grenze damals: Was können die dafür? Und Krieg ist immer, und ist immer schrecklich. Sollten wir Deutschen uns nicht aufwerfen.

Wobei, die Marie, die ist mit 29 ins Gas gegangen. Wir sind doch dann in Ueckermünde gelandet, nach der Flucht. Galten wir nur als Pollacken. Und ein Matros' von der neuen Armee, der hat der Marie schöne Augen gemacht und ein Blag und ist abgehauen. Ist sie halt ins Gas gegangen, zu Hause, Fenster zu und Welt vorbei. Und das war meine Lieblingsgroßeschwester.

Und wissen Sie was? Dass ich das jetzt den jungen Studenten erzählen durfte ... und die ... dass die so unglaublich zugehört haben ... und so ... so lieb nachgefragt, gar nicht komisch, auch gar nicht so kluggedreht oder so ... Und waren auch zwei Schwarze dabei ... alle so anständig ... und die eine ... die eine Studentin, die hatte dann ... die hatte dann so richtig Tränen ... hatte die, als ich von der Marie erzählte ...

Ja, Herr Pfarrer, und ... nachts dann, nachts danach konnt' ich nicht schlafen, gar nicht konnt ich schlafen, immer an die Marie gedacht, aber schön war das, so schön, dass ich dem lieben Herrgottchen gesagt habe: Kannst mich holen .... Ja, kannst ... kannst mich holen ... weil jetzt ... jetzt ... alles gut ...

Sie habe es hier so gut!

Januar und Februar 2016

Seit Anfang dieses Jahres habe ich die Seelsorge in der Lungenklink Lostau übernommen. Diese Klinik gehört seit 22 Jahren zu den Pfeifferschen Stiftungen und liegt zwölf Kilometer nördlich von Magdeburg. Einmal wöchentlich fahre ich nun in das 150-Betten-Haus und mache (wie in Magdeburg-Cracau) dort das, was ich klassische Pastoralvisite nennen würde, gehe also – exemplarisch gewiss – von Station zu Station, von Bett zu Bett und begrüße die Patientinnen und Patienten:

Sie habe es hier so sehr gut!

Die junge Frau strahlt mich an, mit kugelrundem Gesicht und kugelrunden Augen.

Die Mütze auf ihrem Kopf wirkt leicht verrutscht und lässt ihren kahlgewordenen Kopf hervorscheinen. Ihre Bettdecke in einem unglaublich, fast festlich blauen Karo, sie wurde bis an den Unterkiefer herangezogen, die Hände – gut manikürt – liegen ausgeruht nebeneinander. Sie winkt mir kurz zu, legt ihre rechte Hand dann wieder gerade neben die linke.

Sie habe es hier so sehr gut!

Frau V. ist noch nicht einmal dreißig Jahre alt. Nach der allgemeinen Prognostik bleiben ihr nicht mehr viele Monate. Aber was ist Prognostik?

Sie habe es so sehr gut!

Ihre große Halbschwester sei immer da, die sei immer für sie da. Auch jetzt ist die Halbschwester, geschätzte 15 bis 20 Jahre älter als Frau V., zugegen; sie räumt CDs und T-Shirts in eine weite Stofftasche, lächelt, streckt mir aufgeräumt ihre Hand entgegen.

Ein viertes Mal sagt Frau V.: Sie habe es so sehr gut!

Ja, seit drei Jahren haben sie diesen besch … Krebs. Ihre Lebenspartnerin sei damals über alle Berge, ganz schnell nach der Diagnose. Und die Eltern, die gebe es eigentlich nicht, jedenfalls nicht im klassischen Sinn. Aber die Halbschwester, die sei auf einmal nach vielen Jahren Sendepause aufgetaucht.

Die beiden blicken sich liebevoll und vollkommen unkitschig an.

Und bei der dürfe sie jetzt wohnen zwischen all den Chemos, in Wolmirstedt. Sie selbst sei ja von Cottbus her, dort habe sie jetzt alles aufgegeben, alles nach Wolmirstedt geholt.

Ja, ein fünftes Mal sagt Frau V., sie habe es so sehr gut.

Natürlich auch hier im Krankenhaus, unglaublich, wie die sich kümmern würden.

Und immer ohne Schnick und ohne Schnack, die würden kein Getue machen.

Aber umgekehrt würden sie sie ständig auffordern, sich zu melden, für jedes noch so kleine Weh-weh, auch für seelisches Weh-weh. Unglaublich sei das alles – das ganze Leben eigentlich.

Sie rutscht ihre Mütze gerade, streicht sich über ihre sehr langen und knochig gewordenen Hände: Na, komisch … kirchlich … sei sie ja nie gewesen, aber auf einmal … wohne da Gott in ihrem Herzen, … Ihnen … Ihnen kann ich das ja sagen, so … als Pfarrer.

Auch dieser Satz fällt vollkommen unkitschig. Ihr Blick geht aus dem Fenster in ziehende Wolken.

Sie habe es gut, wiederholt sie nach meinem Segen. Und das werde sich auch nicht mehr ändern.

Jeder … jeder … jeder einzelne … jeder Atemzug … sei jetzt … harte Arbeit. Jeder … jeder … Der klug ausschauende Herr T. zieht seinen Atemschlauch gerade, welcher seine Nase seit vielen Wochen mit einer Sauerstoffzufuhr verbindet. Er hüstelt, hüstelt noch einmal, kann weder wirklich durchatmen noch den beschwerenden Schleim endlich abhusten.

Jeder … jeder … einzelne … Atemzug.

Dabei … dabei … habe er immer … immerzu … immer … gearbeitet … bis letztes … bis letztes Jahr.

Er sei … Ingenieur … Ingenieur … in der Landwirtschaft … Ställe bauen … Drainagen … all so'n Zeug … habe er … habe er … *gern* gemacht …

Bei uns im Drömling … Kennen Sie … kennen Sie … kennen Sie den Drömling?

Ach, nur … vom Durchfahrn … müssen Sie … müssen Sie … müssen Sie mal ein paar Tage hin … bei uns … bei uns nach Calvörde … nein, nicht meine … nicht meine … Heimat, sondern … Heimat meiner Frau.

Jetzt strahlt er.

Meine Frau … die ist von Calvörde. Da haben wir … geheiratet. Und in drei Jahren … in drei … in drei Jahren …

ist … ist … ist Goldene Hochzeit … Wenn … wenn ich … noch da bin. Aber doch …

Jetzt schaut er mir fest wie eine Wand in die Augen; die seinigen funkeln und sprühen.

Ich will, ich will, ich will!

Darauf, auf diese dreifache höchst ausdrückliche Willensbekundung, auf dieses dreifach höchst ausdrückliche „ICH“-Sagen, darauf lässt er sich mit Betonung zurückfallen in seine Kissen; seine Hände zittern jetzt leicht, er gibt einen stoßenden Seufzer von sich und wiederholt noch einmal leise:

Ich will!

Eine stille Weile bleibe ich beim atemringenden, so sehr atemringenden Herrn T. sitzen, ein fraglos sympathischer, kluger Mann. Unser Gespräch für heute ist, so gesehen, lang, sehr lang gewesen.

Ich verspreche, für ihn und für seine liebe Frau zu beten. Er beantwortet dies mit einer Träne, tatsächlich, eine Ingenieursträne, eine sehr kostbare Träne. Und ich seufze, weil ich denke: Hoffentlich vergesse ich genau dieses Gebet nicht, in den kommenden Tagen …

Frau N. liegt auf der Intensivstation, invasiv beatmet, wenige wache Reaktionen, aber immerhin: sie wird nach mehreren Tagen völliger kognitiver Abwesenheit wacher, dreht sich, so gut es geht bei den vielen Zugängen und Ableitungen, stöhnt und prustet leicht, so gut es eben geht bei den vielen digitalen Tönen, die da seit Tagen um sie herum klingen.

Ein hochengagiertes Team aus Pflegenden und Medizinern hält alle ihre Bewegungen und Reaktionen, die sichtbaren und auch die unsichtbaren, im Auge und auf dem Laborzettel fest.

Die Haare von Frau N. sind noch kaum ergraut, obgleich sie 60 Jahre alt ist.

Die Haare sind gewaschen, gekämmt, sorgsam auf das Kissen gelegt, ein violettes Haargummi erleuchtet die weiße Kissenhaut.

Eine Weile stehe ich neben Frau N., in jener Mischung aus Ehrfurcht und Diskretion, die ich für eine Seelsorge an mir bislang unbekannten Patientinnen und Patienten auf Intensivstationen für geboten halte.

Eine Schweißperle rinnt mit kaum wahrnehmbarer Geschwindigkeit von Frau N.s Stirn in ihre braunen Augenbrauen. Zwei Brauenhaare leuchten kurz auf.

Und mir fällt ein: Was ist der Mensch, so fragt der 8. Psalm, was ist der Mensch, Gott, dass Du seiner (und ihrer) gedenkst?

Seelsorger, ein irritiertes Auflachen des jungen Mannes, Seelsorger?

Ich hätte beim Betreten des Zimmers auch sagen könne, ich komme von der Marspolizei oder vom burundischen Tierschutz.

Seelsorger? Achch … nö … nö …

Alles in Ordnung, wirft er mir zu. Und er würde es mir auch zurufen, wenn er vor fünf Minuten einen Herzinfarkt oder eine Tumordiagnose bekommen hätte.

Alles in Ordnung, wiederholt er.

Übersetzt: Und jetzt hau ab, Du Merkwüdiger!

Er stopft sich seinen Knopf ins Ohr und springt mit den Augen in seinen Laptop.

Der Blaugesichtige im Nachbarbett ist bester Dinge. Er kommt gerade vom „Quarzen“ vor dem Krankenhaus, vom

„Quarzen“, also vom Rauchen, in jener Raumkapsel, welche da für die Raucher steht, in Lungenkliniken ein realistischer wie bedauerlicherweise wichtiger Ort. Der Blaugesichtige, dem die Adern wie Landkarten zwischen Ohr, Stirn und Schnäuzer gehen, zeigt sich bester Dinge:

Unterkriegen? *Ich*?

Ich war an der Trasse, Amur-Baikal, von daher: 40 Grad Frost, 40 Grad Hitze.

Und? Was soll mich unterkriegen?

Die Russen haben uns ganz am Anfang ja noch irgendwie für Kriegsgefangene gehalten so mit „Hitler kaputt“ und so Sprüchen. Aber dann taute es auf.

Und wir haben alle zusammen gesoffen und gebaut und gelacht und getanzt und wieder gebohrt und geschweißt und gesoffen.

Ich war schon im Vortrupp da, Anfang der Sechziger, die ersten Bohrungen.

Und dann lacht er laut, na ja – lacht? Jenes kehlige Wasserholen aus einem trockengefallenen Brunnen – zumal er zwischen Jochbein und Zehnagel höchstens sieben Gramm Fett mit sich trägt und ihn jedes Lachen schüttelt wie einen Rüttler im sibirischen Taigaboden.

Nein, unterkriegen gibt‘s nicht, wiederholt er.

Und die hier in Lostau, die haben mich schon immer noch hingekriegt. Die staunen ja selbst immer. Herr L! So rufen die, wenn ich wiederkomme. Die denken ja, ich läge schon längst auf dem Westfriedhof. Aber Pustekuchen, da guck‘ ich drauf, wohn‘ doch da in der Beims-Siedlung und glotz‘ den Toten auf den Schädel und sag‘ dem Teufel jeden Morgen: Siehste, du oller Schwefelzinken, mich haste diese Nacht wieder nicht jekricht.

Vor lauter Freude über den Schwefelzinken schlägt sich Herr L. so laut auf den dünnen Oberschenkel, dass man Sorge tragen möchte über dessen Haltbarkeit.

Und dann drückt er mir zum Abschied so fest die Hand, als wolle er noch mal den großen eisernen Anlasser durchdrücken und mit dem Bagger, seinem (!) Bagger durch die Taiga rütteln, Zentimeter für Zentimeter die Erde pflügen und prägen.

Vergessen Sie nicht, Herr Pasta, vergessen Sie nicht, gibt er mir mit: Die Leute hier in Lostau, denen verdank' ich mein Leben. Sagen Sie das mal von Ihrer Kanzel runter.

Und wieder schüttelt er sich. Und hört mit dem lachend-kehligen Schütteln auch noch nicht auf, als ich – selber überaus fröhlich geworden – die Türklinke nehme und von dort aus zum Abschied winke.

Von genauso weit östlich wie Herrn L.s Arbeit, allerdings 1000 Kilometer südlich, stammt Frau Valentina. Seit fünfzehn Jahren lebt sie in Deutschland, rollt das „R" so herrlich, dass man damit Brot schneiden könnte.

In Russland sei man Deutsche, in Deutschland sei man Russin.

Das sei balla-balla, aber so sei es nun mal. Langsam fände sie sich ab damit. Dass die Deutschen aber immer noch dächten, Russland sei Putin, furchtbar.

Russland sei Tolstoi, Turgenjew, Schostakowitsch, immer die besten in der Kultur, das wisse hier aber keiner, nur Hollywood und jetzt so Zeug aus Indien, Bollywood und so.

Und auch was mit der Kirche sei, sie sei ja lutherisch, schon die Mama und die Großmama, hier in Deutschland, das sei nicht lutherisch, das sei so … naja, sie wolle mir ja nicht zu nahe treten, aber das sei nicht so mit Seele, das sei so wie in der Schule. Das in der Kirche, das kenne sie anders aus Sibirien, nicht nur bei den Orthodoxen, auch bei den Lutheranern, bei uns eben.

Neben Frau Valentina liegt Frau K., deutlich über 70 Jahre alt, Reichsbahnerin. Und auch lange nach Russland ausgeliehen, so wie sie sagt. Auch sie lässt nichts auf die Russen kommen, aber auch auf die Ukrainer nicht, sie hätte da im Gleisbau als Meisterin gearbeitet, und ihr Mann damals sei Pole gewesen, und irgendwie seien sie dann im Gleisbau gelandet, erst bei Odessa, dann hinter Swerdlowsk kurz vor dem Ural. Eine, wie man gemeinhin sagen würde: einfache Frau. Doch sie hat die Welt gesehen. Da sie schwer krank ist, sortiert sie gerade ihr Leben.

Viel Partei, viel Glaube an den Kommunismus, das kommt hoch, und der Vater, den haben die Nazis in Buchenwald dermaßen verprügelt, der sei bald nach dem Krieg – naja, im Grunde erstickt, der war krank … und ich war damals zehn, und jetzt … jetzt hab' ich es auch an der Lunge und hab' wohl nicht mehr lange.

Aber damit, mit so etwas wie „Todesnähe" hält sie sich jetzt nicht lange auf, kommt in ihrem Erzählen wieder an die Strecke, nördlich von Odessa. Ein Ortname mit vielen Zischlauten fällt. Und genau diese Namensnennung lässt Frau Valentina kerzengerade aus ihrem Bett auffahren. Sie wiederholt den wunderschönen slawischen Namen mit Nachdruck. Aus jener Ecke nämlich kämen ihre Großeltern, bis Hitler damals, so Frau Valentina, die Schwarzmeer- und die Wolgadeutschen an Stalin verkauft hätte.

Unglaublich! Ein Gespräch in Lostau, auf der Isolierstation, und nach einer Viertelstunde landen wir in der

Südukraine, mit Luther und Marx und Hitler und Stalin, aber vor allem mit zwei eindrücklichen Frauen, denen ich so richtig gerne zum Abschied den Segen des Allerhöchsten geben will.

Strahlen-Kränze

Montag 4. April 2016

Die strahlenden Augen, dieser veritable Strahlenkranz von Falten um die Augen herum. Diese langen, sprechenden, gestenreichen Hände. Diese ganze zarte Erscheinung voller Kräftigkeiten. Seine Diagnosen und vermutlich auch Prognosen sind rundheraus un-sonnig. Aber in sein Zimmer, auf der Inneren Station, scheint eine kraftvolle Sonne.

Mitten im Leben steht er, eigentlich. So sagt er es. Am Sonntag vor Pfingsten werde die zweite seiner Töchter konfirmiert. Gardelegen, Sankt Marien, wo schon er und seine Mutter und sein Großvater konfirmiert wurden. Herrliche Kirche, die alten Backsteine, wie eine große Glucke mitten in der Stadt, der Altar mit dem Kreuz und mit … so, ja, so eine Art Strahlen, immer um dieses Kreuz auf dem Altar herum.

Wenn dann die Konfirmanden einziehen werden mit dem Pfarrer M.!

Wenn wir Eltern, wir Großen dann in den Bankreihen sitzen, mag es noch so kalt sein im frühen Mai, dann werden wir alle aufspringen und wissen, dass ER uns nicht verlässt. Ja …

Jetzt geht Herrn M.s Blick steil zur Decke, verfolgt den Tanz eines Ast-Schattens.

Ja … nachts sei es oft auch so, auch mit den Schatten, diesen ganzen vielen Schatten. Dann rede er mit IHM. Keine Ahnung, wer und wo ER ist. Na, mal ehrlich, *ob* es IHN gibt. Wissen wir's? …

Seine Augen tanzen mit dem heutigen, dem flirrenden April-Schatten an der Decke.

Doch … ich glaube … ich glaube, wir *wissen* es, spricht er, mehr zu sich als zu mir. Und wendet mir wieder den Strahlenkranz seines Gesichts zu: Doch, wir wissen es.

Mit dem Glauben, das sei ja mehr so über seine Frau zu ihm gekommen, setzt er fort. Seit nun immerhin drei Jahrzehnten ging das jetzt schon, mit seiner Frau.

Er strahlt mich wieder an, dieser liebende Strahlenkranz. Jaja. Schon in den späten Achtzigern, nach der Armeezeit, er sei ja handwerklich durchaus begabt. Und dann dieser aufgelassene Hof im Nachbardorf, Zichtauer Berge, Weitblick nach gegenüber in die Heideberge und nach rechts in den frühmorgens immerzu dampfenden Drömling, aus allen Kanälen, allen Sumpfwiesen dampft es, dort sei … dort sei so etwas wie ihr Paradies entstanden. Jetzt mache er ja schon seit über zehn Jahren EDV, als Selbständiger. Total nette Kunden, alles ebenfalls Selbständige, so wie er, reelle Menschen. Und wie man in den Wald rufe …

Wieder und wieder geht sein Blick von mir hoch zu jenem Astschatten dort an der Decke, der nicht aufhört zu tanzen. Er lacht jetzt laut auf, einmal, zweimal, noch einmal, dann schluckt er, nimmt sich einen Schluck Wasser aus seinem Glas vom Nachtschrank.

Ich *werde* es schaffen, sagt er leise. Ich *werde* es … schaffen.

Freitag 8. April 2016

In der Lostauer Lungenklinik ringt Tag für Tag und Nacht für Nacht so manche und so mancher nach Luft. Frau T. ringt schon seit über 50 Jahren, das achte Mal schon hiesige Patientin.

So ein naives Ding war ich doch! Komme von Lüneburg. War dort verheiratet, schon drei Kinder, und dann hab' ich mich verliebt. In so einen von hier, von Bautzen.

Zweiundsechzig, gleich nach dem Mauerbau war das. Weil, im Herzen war ich doch immer schon Kommunistin, wie der Papa und der Großpapa auch; der Großpapa wurde schwer verletzt damals in Hamburg dreiundzwanzig, als die Freikorps die kommunistischen Stadtteile gestürmt hatten, nach dem Generalstreik; jedenfalls *ich* war im Herzen Kommunistin, hab' dann wegen drei Nächten mit dem Bautzner alles stehen und liegen gelassen und bin mit zwei meiner drei Kinder rüber.

Na, und … erst mal Lager. Hatte mir keiner von erzählt. Erst Barby, dann Überstellung nach Fürstenwalde Spree. Ob ich keine Spionin sei. Versteh‘ ich ja.

Versteh‘ aber nicht, warum die mir nicht glaubten richtig. Sondern mir erst mal die Kinder wegnahmen. Die Kleene kam nach Wismar zur Pflege, der Große in so ein Heim am Thüringer Wald. Immerzu kamen so Fürsorgerinnen, haben mich ausgequetscht so wie die von der Firma und die vom Innenministerium: Staatsbürgerschaft der Deutschen Demokratischen Republik. Ob ich denn wüsste?

Na klar, wusste ich. Warum man mir denn nicht glaube?

Seitdem … seitdem das mit der Luft … und nicht voll arbeiten … und naja … wie kann so eine Atemkranke und

Fremde, wie kann die auf „Mutter“ machen? … So wurde ich gefragt.

Hab‘ mich aber, hab‘ mich aber durchgeschlagen. Der Bautzner war natürlich über alle Berge, kaum dass ich im Lager saß. Weiß bis heute nicht, was der wirklich im Schilde geführt hat.

Wollte schon mal meine Akte sehn, die Stasi-Akte. Aber ach … was soll ich jetzt noch …?

Hab’ ja noch ‘n Kerl dann gehabt, auch mit Kind … ging aber auch nicht so … dann noch mal versucht … jetzt bin ich seit langem allein, … geht besser für mich, so allein.

Die Kinder? Wenn Sie nach denen fragen? Ach, sind einfach dann anders groß geworden, ganz anders. Einem hab‘ ich mal geschrieben, so ein Jahr ging das gut, der war aber bei den Zeugen Jehovas, ging auch nicht für mich.

Und die Kleene, hat damals ‘nen Friseursalon in Köthen aufgemacht, in der Nähe vom Markt, lief ganz gut, zwei-, dreimal gesehen, aber … fremdgeblieben. Hätte auch ne ganz Fremde gewesen sein können. Wo man doch immer sagt, Blut sei zäh.

Ja, stimmt schon, träum‘ immer von denen allen. Aber im realen Leben?

Alle diese Sätze, alle diese vielen Sätze, einen nach dem anderen, hat Frau T. mit äußerster Kraft herausgestoßen.

Wort für Wort.

Quer über dem Bett liegt sie dabei, Bettdecken und Atemschläuche mehrfach miteinander verschlungen.

Ganz am Ende des Gesprächs meldet sich die Bettnachbarin:

Jetzt sei mal gut. Der Pfarrer müsse weiter.

Einerseits: Das stimmt. Mein Ohr und Herz sind rappelvoll.

Andererseits: Die Bettnachbarin, Frau N., es ergab sich schon unmittelbar vor dem Gespräch mit Frau T. ein Kontakt mit ihr, rauchige Kasernenstimme, durchaus sympathisch, Typ Türsteherin, oder Schichtleitung Grundreinigung. Jetzt sei mal gut, stößt sie hervor.

Komisch, als ich das Zimmer verlasse, bin ich mehr mit dieser Frau N. beschäftigt als mit Frau T.: Wer ist Frau N. gewesen? Und warum genau soll es für den Pfarrer angeblich genug gewesen sein? Was war da? Ich werde es wahrscheinlich nicht erfahren. Es steht mir auch nicht zu. Aber – es beschäftigt mich.

Montag 18. Mai 2016

Dass das Kinderhospiz – wieder einmal (eigentlich immer) – mehr bietet als die perfekte Kreuzung von Hades, Hölle und seelischem Dschungelcamp, das macht mir heute die kleine N. deutlich. Sie rennt den ganzen langen Flur auf mich zu, schaut an mir hoch, umarmt mich, klopft mir kräftig wie eine ausgewachsene Köchin auf den Bauch, vulgo: die Wampe. Und ruft: Baby?

Als ich dies glaubwürdig verneinen kann, dabei auch professionell und humorhoch vom Kinderhospizteam bestätigt werde, legt sie nach:

Du essen?

Ob ich – es ist schließlich kurz nach Mittag – jetzt essen gehe?

Ja.

Du essen?

Ja, stimmt. Ich gehe gleich essen.

Worauf sie noch einmal meinen Bauch wie einen echten Trommelboden traktiert, damit ich nun wirklich mit Lust und Laune essen gehen kann. Und gerne am Nachmittag mit dann zwillingsgroßem, sattgegessenem Bauch wiederkommen darf.

Herrlich!

Was *ich* denn schon verstünde?

Montag 30. Mai 2016

Was ich denn schon verstünde? Was er da erlebt habe!

Initialfrage eines geriatrischen Patienten, nachdem ich mich ihm vorgestellt habe im pastoralvisitierenden Stationsrundgang.

Was ich denn schon verstünde!

Aber denn gleich losgelegt: „Naja, den Krieg erst, aber das war nicht nur schlimm, das war auch lustig zwischendrein, und dann nach dem Krieg gleich ab in die Urangruben, nach Johanngeorgenstadt im Erzgebirge. Da hat es Kohle ohne Ende gegeben, die Freunde, na die Russen halt, die haben gut bezahlt, auch in Naturalien, also vor allem in Klarem, in ‚Kumpeltod', so was von klar. Na, und als genug Uran aus der Grube raus war und die Freunde die erste Atombombe bauen konnten, um es den Imperialisten mal zu zeigen, nach den ersten Zündungen hinten in Kasachstan, da waren die so was von gut drauf, da kam der Kumpeltod sogar aus der Wasserleitung.

Gut, die Kontrollen waren dicke; drei Ringe Sperrzonen bis nach Johanngeorgenstadt; schon wenn Du in Zwickau in den Zug stiegst, kamen so Schlitzaugen und dann unsere, so ganz besonders schlaue, waren vorher beim Adolf auch nicht ganz unten, mussten sich beim Großen Stalin erst mal richtig beweisen.

Aber lassen Sie mal, so schlecht waren die Zeiten gar nicht, hab' dann Musik studieren dürfen, hab' immer Aufträge bekommen, auch kritische, glaubt ja heute keiner mehr. Mit denen vom Zentralkomitee konntest Du doch reden, lästig waren die Halbbonzen, die noch was werden wollten, die mit dem Krawattenknoten so eng wie Handschellen, sahste doch gleich, aber sonst? Die DDR war auf jeden Fall erheblich besser als ihr Ruf heute und viele Angelegenheiten in unseren Zeiten. Nee, nee, wer da heute drüber redet, selbst über die Nazis heute redet, der hat doch keine Ahnung."

(Geht das schon *wieder* los… muss ich jetzt schon wieder *gegenreden*? Oder Ohren auf Durchzug stellen – oder jetzt mal ganz bald rausgehen? Ich entscheide mich für Stirnrunzeln. Und – intiutiv – für eine klare Ansage, dass ich Wessi sei, also wirklich keine Spur von Ahnung.)

„Na gut, Wessis muss es ja auch geben, ihr hattet ja auch genug zu tun … naja … mmh. Guck mal einer an, ich war ja auch drüben, mal, waren auch ein paar nette Menschen, selbst dorten. Heute die Zeiten sind halt so, dass viele nicht mehr mit klarkommen. Früher waren die wesentlichen Dinge klar, oben war oben und unten war unten, und alle waren wir Menschen. Heute kommen sie aus aller Welt und verlangen, dass wir sie durchfüttern. Das Nationale, das ginge doch heute verloren."

(Nee, das bitte jetzt gar nicht, erst das Honni-Lied und jetzt AfD-Sound! Das Wetter ist heiß heute, ich entscheide mich daher für die ganz paradoxe Variante: Ich sei halt Christ, für uns spiele „national“ keine Rolle. Und, weil ich auch ein bisschen bockig geworden bin, gibt's noch eine Lage Steildogmatik hinterher: Gott habe Israel erwählt. Und Jesus Christus sei für alle Menschen gestorben und auferweckt worden. Das würde für mich als Christen gelten. Nicht das Nationale.)

Jaja, na gut, so 'rum könne er das durchaus nachvollziehen. Und ich solle mal sehen, das mit dem Nationalen, das wäre vielleicht so seine und seiner Generation Freude gewesen, dass da die Freunde, in allen Ehren, die Sowjets, aber als die denn mal weg waren nach 89, da wäre doch auch mal ein Durchatmen gewesen und mal selber bestimmen.

Gut, ja, das stimme ja, mit dem Nationalen, da müsse man aufpassen heute, in dem Boot vom Höcke wolle er auf keinen Fall sitzen, gegen solche hätte er ja sein Leben lang gekämpft.

Beim Abschied erstaunliche Herzlichkeit. Ein Stück unvermutet. Ein Ausdruck des Danks mit beiden Händen und langem Schütteln, von ihm aus, nicht von mir, sogar ein ganz kleines Stück beschämend für mich. Der ist dran geblieben im Gespräch.

Ich – wohl auch. Auch wenn es anstrengend war.

Dienstag 31. Mai 2016

Eine 17-jährige Gymnasiastin, Orthopädie-Patientin: Ob Sie mal was fragen dürfe?

Also, ob man – ob man so Pfarrerkunde, ob man das studieren müsse.

Ja, so etwa fünf Jahre.

„Echt!? Hätt' ich jetzt nicht gedacht. Ich dachte, die gucken einen da so aus."

Naja, bewerben muss man sich später denn auch, auf Stellen und so.

„Nee das mein' ich nicht. Ich mein vorher. Bevor man die – Pfarrerlehre, hat das auch noch 'nen anderen Namen?"

Ja, Theologie.

„Echt jetzt!? Also bevor man Telologie oder wie das jetzt heißt, dass man da so … na, wie so rausgesucht wird und dann eingeweiht und so was … Na, im Fernsehen hab' ich mal so was gesehen, aber das war in Afrika oder beim Dalai Lama oder so, die haben die … na, die Priester oder Telologen oder wie da dann da hießen, die haben die dann in so Hütten gesteckt zum Schwitzen und so … war cool! Aber … ich will Ihnen echt nicht zu nahe treten."

Ich kann mich jetzt entscheiden, denke ich: Entrüstet kann ich jetzt sein, dass man in Deutschland Abitur machen kann mit solch blankem Nichtwissen in historischen und menschenkundlichen Basics. Ich kann aber auch hellhörig werden, dass diese junge Frau scheinbar Fragen an den Weg zur Religion als auch zum Religionsberuf stellt, die im Kern ernsthafter sein können als manches seelenentleerte Kirchenprogramm.

Bevor ich meine Entscheidung der Schülerin kundtun kann, kommt eine wesentliche Whats-app um die Ecke bei ihr.

Sie winkt mir sehr herzlich zu mit ihrem durchtätowierten Arm: Ein Kreuz vor Sonnenaufgang, ein Adlerauge, ein Diamantherz.

Und wieder kann ich mich entscheiden …

Mittwoch 1. Juli 2016

Eine ältere Dame in der Thoraxchirurgie in Lostau:

Das sei ja gut, dass ich mal vorbeikomme. Sie komme auch aus gut kirchlichem Haus. In Danzig gegenüber, in ihrer Kindheit, sie könne sich noch gut erinnern, da habe ein Onkel gewohnt, der sei Erzpriester gewesen, und dann irgendwie so notberufen worden im Krieg, ein ganz würdiger Mann sei das gewesen. An den habe sie gedacht, bevor sie die Augen aufgemacht habe, wieder aufgemacht, nach der Operation. Auf einmal sei der Erzonkel ihr vor Augen gewesen.

Und Danzig, unser schönes Danzig, die Polen haben es ja ordentlich wieder aufgebaut, waren ja selbst vertrieben, die dann ankamen nach dem Krieg, die von Ostpolen.

Ja, der Herrgott hätt' ja schon viele verschiedene Völker gemacht. Das wäre ja fein.

Und in der DDR, da war es auch gut, ihr Mann in der Technischen Leitung, sie kaufmännisch, hätten überall reisen können, also: überallhin, nicht in den Westen zunächst, aber sonst überall, später in den Achtzigern sogar in den Westen. Was ja *nicht* so gut im Westen sei, dass damals schon in Frankfurt am Main mehr Türken rumliefen als Deutsche.

(Junge Frau, jetzt mal halblang, denke ich. Und: hübscher Reisekader, Du)

„Heute wollen sie ja alle Geld, die angeflohen kommen, hätt' es damals nicht gegeben."

(Nee, nee, jetzt werde ich denn doch mal den Mund aufzumachen haben:)

Liebe Frau A., haben Sie denn vergessen, dass Sie aus Danzig und Ihre Familie, dass Sie direkt nach dem Krieg als Polack beschimpft worden sind, im Westen als auch im Osten von Deutschland!?

Scheinbar habe ich einen traumatischen Punkt erwischt.

Sie nickt heftig, wischt sich die Augen, ringt nach Luft und Worten.

War ich *zu* sehr deutlich? Nein, wohl nicht … Entrüstet fährt sie hoch:

„Umsiedler" durften wir uns doch nur nennen! Als ob wir *um*gesiedelt wären!

Das war der Punkt, wo ich in unserem guten Sozialismus immer sehr an mich halten musste, hab' das ja sonst schon gut mitvertreten, ganz überzeugt, aber bei „*Um*siedler" hörte für mich die Freundschaft auf. Und nie, nie, nie werde ich vergessen, wie sie sechsundvierzig in Anklam, wie sie da zu uns gesagt haben, wir wären doch nur blöd gewesen, dass wir nicht dortgeblieben wären in Danzig. Hätten doch nur Polackisch weiterreden müssen, hätten wir doch eh' den halben Tag vorher auch schon gemacht, beim Adolf und davor beim Völkerbund. Jetzt würden wir ihnen in Anklam die letzten Kartoffeln wegfressen. Ja … so sei das gewesen.

Langsam bekommt sie wieder die Luft, die sie braucht.

Ob ich … ob ich … mit ihr … mit ihr jetzt, *jetzt* beten könne. Das … das bräuchte sie jetzt.

Es strömt und strömt und strömt.

Zwischen Karelien und dem Nil

Mittwoch 24. Augsut 2016

Herr G. gilt als schwerkrank, sterbend. Ein Sauerstoffschlauch hilft ihm bei jedem einzelnen Zug Atem.

Allerdings: Sobald sich Herr G., mühsam gewiss und langsam, aufrichtet im Bett, die Kissen geraderückt, einen Schluck Wasser nimmt aus dem Becher, ausatmet und die Arme und Hände langausgestreckt auf die Decken postiert, kommt sein Blick. Wie zu beschreiben ist dieser Blick, der ein veritabler Blick ist? Gerade, fast geometrisch gerade, dabei brunnenklar und – warmherzig.

Herr G. stammt aus Westpreußen, in seine Stimme mischt sich bis heute die Asche und Glut kaschubischer Kartoffelfeuer hinein. Sohn von Großbauern ist er, nicht adelig-ostelbischen Geblüts, sondern von einer anderen Art erdgeprägter Unerschütterlichkeit.

Herr G. erzählt von seiner Konfirmation, kurz vor der Einberufung zum Arbeitsdienst:

Diese gespannte, halb wilde, halb ängstliche Stimmung, die unter den stramm gescheitelten Jungs herrschte, als diese hinter dem alten, wieder in Dienst genommenen Pfarrer in die Kirche hineinzogen. Die Taschentücher der Mütter und der Großmütter wussten damals schon … und Herr G. winkt seinen Satz ab.

Und fährt fort: Zum Schanzen hätte er noch gemusst, erst Warschau, dann Königsberg. Er sei zäh gewesen, er sei blond gewesen, ein Leckerbissen für die Bluthunde. Aber er habe Glück gehabt, er sei nicht ins Umfeld der SS geraten, reines Glück sei es gewesen, keinerlei Überzeugung. Sie, seine Kameraden und er, sie hätten damals alles geglaubt und – auch wieder gar nichts mehr. Es sei ein Leben in der Sanduhr gewesen, nur noch Stunde für Stunde, und bald seien die ersten Toten zu beerdigen gewesen, sehr bald schon, Kameraden, denen das Abzeichen zu brechen gewesen sei, damit die Mutter oder die Frau vielleicht noch etwas erfahre. Vielleicht, falls die Post noch durchkam.

Es ging mehr um das Abzeichenbrechen als solches, sagt er mit vertieftem Atemzug.

Nach dem Augenzudrücken und drei Wurf steinharte Erde auf das Gesicht; an Beerdigung sei ja in jenem Winter gar nicht mehr zu denken gewesen. Er höre es immer noch, das Klacken der Soldatenabzeichen beim Brechen. So etwa – und er zieht an seinen Gelenken, dass sie knacken und klacken.

Vor Pasewalk sei dann Schluss gewesen, Kapitulation, Gefangenschaft. Drei Tage davor nichts gegessen und getrunken, im eigenen Kot und neben drei verwundeten und schreienden und dann nicht mehr schreienden Jungs, dem Krämerwilhelm aus Ebersbach in Sachsen und dem Körneralfred aus Würselen bei Aachen, komisch, so etwas vergisst man nicht. Gott sei Dank sei es schon April gewesen und der Frost fast vorbei.

Der sei dann aber mächtig nachgekommen, der Frost. Von Pasewalk sei es in endlosen Trecks nach Nordosten gegangen, irgendwann nach Danzig, und dann über die Ostsee bis Wyborg, am Finnischen Meerbusen, und dann wieder tagelang im Treck, nicht alle, lange nicht alle hätten das überlebt. Der Wirmerjörg aus Lindau am Bodensee fiele ihm jetzt ein, der habe ihm am letzten seiner Lebensabende, schon weit hinter dem Ladogasee seien sie da gewesen, da habe der ihm ein Kreuz zugesteckt, von seiner Großmutter Dreiundvierzig am Lindauer Bahnhof zum Abschied noch zugesteckt. Er wisse gar nicht, was schließlich mit diesem Kreuz geworden sei.

Herr G. trinkt wieder einen Schluck.

Naja, und dann Karelien. Kennen Sie Karelien? Nein, Sie kennen es nicht. Keiner hier kennt es, und das ist vielleicht auch gut so. Stalin, *der* kannte Karelien, und der wollte dort oben, kurz vor Murmansk, seine gesamte Zellstoffindustrie aufbauen.

An der Baumgrenze, und die langen Kiefern und Fichten in Kanälen und winters in Schlitten. Das modernste Werk überhaupt hat der Stalin da hingestellt, Achtunddreißig, später mit amerikanischen Maschinen noch weiter ausgebaut, die kamen alle über die Murmansk-Bahn.

Und dann die Lager, vier Stalags rundherum. Achtunddreißig waren vor allem Ukrainer dort, haben sie mir erzählt, als wir ankamen, später die Finnen nach dem Winterkrieg, und schließlich ab 43 immer mehr deutsche Kriegsgefangene. Später hörte ich auch, dass man bewusst solche nahm, denen man das überhaupt zutraute.

Also: Schwache und Verwundete kamen gar nicht nach E. ins Zellstoffwerk, nur Gesunde, so wie ich, mit siebzehn damals zwar spirredürr, aber doch gesund, von westpreußischer Erde gesund. Zwei Winter war ich in E.: *zwei karelische Winter*. Die beginnen im September und gehen bis Mai. Dazwischen die Mückensommer. Und die Winter bis minus Vierzig. Und ich war im Doppelkommando. Das hat mir das Leben gerettet, wissen Sie. Tagsüber Bäume schälen an den modernen Maschinen vom Ami. Und ich war geschickt und konnte gut damit umgehen, auch mal eine Kette justieren oder eine Litze nachziehen. Und abends, das ging immer erst abends, wurden die Leichen vom Lager raus zum Lagerplatz gebracht. Und dort gestapelt, in einer alten großen Scheune, oder was das ursprünglich mal war. Den ganzen Winter über wurde gestapelt, immer viere, immer im Viereck. Später habe ich gesehen, dass sie das auch in den KZs so gemacht haben, oder in Dresden nach der Bombardierung, immer im Viereck, im Quadrat geschichtet. Naja, und erst nach der Schneeschmelze konnte begraben werden, gerade noch, bevor es zu stinken anfing, ein ganzer Winterleichenberg.

Man macht das ja alles so mit, wenn man jung ist. Und wenn man einfach überleben will.

Wobei ich nichts über die Russen Schlechtes sagen kann. Die hatten auch nichts.

Und sie waren fair zu uns. Gut, wir hätten ja auch nicht wirklich weglaufen können; zweie haben es mal versucht, haben sich hinten an die Puffer der Murmansk-Bahn gehängt, die in der Nähe vorbeifuhr. Wir hörten dann nur die Schüsse von ferne, und wussten Bescheid.

So bewacht wie die Murmansk-Bahn war, da hing ja die halbe Sowjetunion dran, schon immer, wegen dem eisfreien Hafen oben in Murmansk.

Zwei karelische Winter. Ich habe sie überlebt. Habe geschält, was eine Plackerei war. Kiefern schälen geht anders als Kartoffeln schälen.

„Aber wissen Sie, ich will mich nicht beschweren. Auch zu essen gab es, nicht viel, aber scheinbar ausreichend. Und nach dem Leichendienst gab es Wodka. Sonst hättest Du das gar nicht geschafft, nicht viel, aber einen kräftigen Schluck Wodka oder zwei. Und dann konntest Du schlafen.

Zwei karelische Winter, ich habe es überlebt, habe dort viel geträumt von zu Hause, wusste mittlerweile, dass das vorbei war, das deutsche Westpreußen, verspielt und vorbei. Habe mich gefragt, wo Mutti und Vati und die beiden kleinen Schwestern und die beiden großen Brüder sind, wo und wie wir uns wiedersehen. Aber, heute sage ich: Gott sei Dank, ich habe nicht gegrübelt, habe einfach gearbeitet und nachts tief geschlafen.

Religiös war ich da nicht mehr, aber auch nicht unreligiös. Da oben in Karelien, da lernst Du, dass die Natur größer ist und der Mensch eigentlich sehr klein. Das habe ich fürs Leben mitgenommen von da oben. Und dass man zusammenhält, einfach: weil alle dann zusammenhalten.

Siebenundvierzig im September bin ich in Frankfurt/Oder im Lager gelandet, und dann bald nach Klötze in der Altmark überstellt worden. Da waren die Mutti und die beiden Schwestern; der Vater war an seinen Erschöpfungen nach der Vertreibung gestorben. Bernhard, mein ältester Bruder, hatte sich in den Westen abgesetzt, der war am Schluss noch bei der SS, der musste weit weg vom Russen. Und Reinhard, den hat es am 3. Mai 45 bei Jüterbog noch erwischt, ein ganzer Zug ging da hoch.

Und dann habe ich einfach in Klötze … gut gelitten waren wir Umsiedler da nicht, das mal am Rande, aber später wurde es besser … dann habe ich da meinen Maurer gemacht und später auf der Arbeiter- und Bauern-Fakultät studiert. Sozialist war ich, weil es einfach so war, auch mit der Partei. Und weil die in Karelien zu mir fair waren.

Als das Neunundachtzig mit dem Sozialismus vorbei war, war es dann aber auch gut. Der hatte sein Gutes, aber hat es auch übertrieben, war vor allem nicht ehrlich genug. Uns Ingenieure hat man ja auch nachher nicht mehr betuppen können. Wir wussten, dass der Sozialismus pleite war.

Jetzt und heute sind wieder andere Zeiten, aber es ist auch gut so, selbst wenn vieles mir fremd geworden ist und so unglaublich und auch unnötig hektisch. Na, und jetzt kommt ein Pfarrer des Weges. Und auch das ist gut so."

Er schmunzelt.

„Manches kann man vielleicht auch nur dem Pfarrer so erzählen. Wobei … für meine Kinder und meine Enkel habe ich alles aufgeschrieben, und die fragen durchaus nach, machen ja nicht alle heutzutage, da habe ich großes Glück. Auch von daher:

Ich habe viel Glück gehabt im Leben, sehr viel Glück …"

Zum Abschied schauen mich zwei Augen an, die fast alles gesehen haben, denen irgendetwas vorzumachen komplett sinnlos wäre. Und es schauen mich zwei Augen an, die auch nach nahezu neunzig Lebensjahren leuchten können und ganz aus dem Seelenkern heraus dankbar sind.

Ich wünsche Herrn G. aus ganzem, ganzem Herzen Gottes Segen. Einem Menschen, von dem ich gar nicht weiß, wie „er es mit der Religion hält". Aber, wurscht, das sind kleinliche Fragen, bei Licht betrachtet. Begegnungen wie mit

Herrn G. stecken für mich voll Heiligen Geistes. Der Dankbare bin dann ich, als ich sein Krankenzimmer verlasse.

Donnerstag 25. August 2016

Herr M. stammt aus der Mitte der alten DDR-Elite, allerdings aus jenem kontaktfähigen und weltoffenen Teil, dem ein Gespräch mit einem Geistlichen offensichtlichen und gänzlich un-ironischen Spaß macht.

Ja, auch Herr M. ist schwerkrank und, so wie es aussieht, nicht mehr ewig lebend unter uns. Vielleicht flieht seine Seele daher auch ein wenig in die glücklichsten Jahre seines Lebens. Und vielleicht ist diese Sorte Flucht ja noch nicht einmal merkwürdig oder gar falsch.

Herr M. hat sowohl ökonomisch wie technisch gearbeitet und – unausgesprochen – sicherlich auch politisch. Mitte der Sechziger schickte man ihn vom Außenhandelsministerium der DDR nach Kairo. Das waren dort die Nasser-Zeiten.

„Und, wissen Sie, die Araber? Kennen Sie die?“

So hebt er an. (Und jetzt müsste man mitschneiden und als ostdeutschen O-Ton auf der nächsten Pegida-Versammlung vorspielen:)

„Die Araber, die haben Kultur! Und benehmen können die sich, wie die Eins! Und Gastfreundschaft, vorvorvorbildlich. So was liegt uns Deutschen nicht im Blut so dolle, ein wenig sicher auch, aber nicht so tief wie denen, unglaublich! Und diese alte Kultur, sagenhaft!

Meine Frau ist ja Tadschikin. Die habe ich in Leningrad beim Studium kennengelernt.

Und unsere beiden Adoptivkinder, meine Schwester war jäh bei einem Unfall gestorben, nachdem sich ihr Mann gerade für seine Geliebte entschieden hatte, da haben wir die beiden kleinen, ein und zwei Jahre alt, einvernehmlich adoptiert, so waren wir als Kleinfamilie in Kairo, acht Jahre lang. Und für uns alle vier war es die schönste Zeit im Leben … und danach stinklangweilig in Erfurt.

Hat sich mein Kombinat erbarmt und mich noch mal nach Kuibyschew gesteckt, was heute wieder Samara heißt. Eintausend Kilometer hinter Moskau. War auch nicht schlecht, sowjetische Rüstungsindustrie, einerseits „geschlossene Stadt" und denn doch Ingenieure aus aller Welt, aus der kommunistischen immerhin.

Und schließlich bei den Messen in Leipzig oder in Posen oder in Moskau warst du zwar gut überwacht; und im Herzen war ich ja immer sowieso für die DDR; aber die Gespräche dort auf den Messen mit Kollegen aus dem NSW, dem nicht-sozialistischen Wirtschaftsgebiet, die waren wunderbar, und wenn die dann auch etwa Kairo kannten oder was anderes da unten im Arabischen; das lief immer so nett und so normal, kann sich heute kaum mehr einer vorstellen."

Und dann fängt er ein weiteres Mal vom „Araber" an, voller Glück, voller Dankbarkeit für sein Ägypten. Dort also standen die Fleischtöpfe seines Lebens. Und zum Ende dieses seines Lebens will er davon lang und lang einem Pfarrer erzählen und ist richtig richtig froh, dass der Pfarrer zwar fraglos ein glühender Anhänger von Israel und dessen Staat ist, aber gleicherweise eine große kulturell-kulinarisch-religiöse Ehrfurcht und Liebe zum Arabischen hat.

Mit Herrn M. und mir treffen sich sicherlich Welten mit recht minimalen Schnittmengen. Aber sie treffen sich eben. Und, beglückenderweise, am dritten und arabischen Orte.

Mittwoch 9. November 2016

Viererzimmer Innere Medizin. Der Pfarrer kommt herein, stellt sich vor. Allgemeines „Hä!?!"

Gut, jetzt gibt es die Methode „Nussknacker", jedem einzelnen freundlich die Hand reichen, Gutes wünschen, und dann kurzer und freundlicher Abgang. Meistens geht das gut, zumindest halbwegs gut. Heute eher nicht so.

Ein Patient am Fenster reicht mir nur seehr zögernd die Hand.

„Wegen Ihnen bin ich aus der Kirche ausgetreten."

„?"

„Na, weil ihr die ganzen Islamisten reinlasst."

„?"

„Tun Se doch nich so doof! Ihr lasst die doch alle rein.

Früher war ich mal in der Kirche. Da hat der Pfarrer was anständig's gesagt, sich aus der Politik rausgehalten, war in der DDR-Zeit. Heute aber, nur Politik und nur die ganze Scheiße mit den Moslemisten."

„Haben Sie persönlich schlechte Erfahrung gemacht?"

„Mit der Scheißfrage kommt ihr immer, kenn' ich schon. Spielt doch keine Rolle, ob ich so 'ne Visage kenne oder nicht. Die gehören einfach zu uns nicht, basta."

„Wissen Sie, ich komme aus Duisburg, war nicht leicht da mit so vielen von weither, aber es ging."

„Ach, auch noch aus 'm Westen … von den Klugscheißern."

Langsam reicht's mir. In solchen Monaten rufe ich meinen Paten zu Hilfe – den Fernseh-Kommissar Schimanski alias Götz George:

„Ich komme aus der Stadt vom Schimanski, wissen Sie. Da gilt: Zur Not gibt's auf's Maul. Aber vorher geht erst mal 'ne Menge anderes. Und vor allem sind wir alle Menschen, egal ob Pollak oder Türk oder Niederrheiner."

„Schimanski!? Der hätt' die ganzen Kanacken verjagt, das glauben Se mal..."

Jetzt bin selbst ich sprachlos, spreche ein resigniertes „Lassen wir das", verlasse den Salon, könnte ehrlich gesagt jetzt einen Sandsack gebrauchen – und muss mich daher erst mal im Dienstzimmer ausschnaufen.

Donnerstag 11. November 2016

„Die Merkel ist doch die blödeste Pissnelke, die ich je gesehen habe. Und ist die nicht auch von euch? Ist die nicht Pfarrerstochter? Meiner Frau muss ich schon immer sagen: Schalt den Kanal weg, wenn die dumme Fotze da ihr Delta hinlegt in den Nachrichten."

Es ist ein Studierter, einer mit gut bezahltem Arbeitsplatz, der das so sagt – und dabei mit seinen Gehhilfen so hantiert, als würde er damit morgen das Kanzleramt stürmen.

Tattoo, Tamtam und die Jungfrau Maria

Dienstag 11. April 2017

„Pfarrer, geile Meile, was ist denn hier los?" – So werde ich begrüßt in der Allgemeinen Station der Lungenklinik. Eine Dame, geschätzte zehn Jahre jünger als ich, Tattoos und Piercings, so weit das Auge sehen kann, mitten da drinnen offenherzige Augen.

Die Hand wird mir, unmittelbar mit der Begrüßung, entgegengeschwungen.

„Ja, Scheiße, Luft ist voll im Arsch bei mir.

Aber o.k., bin ick selber schuld, kommnse mir jetze nich' mit Mitleid und so den ganzen Oochs und Aachs. War ja schon als Kind so 'ne wusselige, dann die Nummer mit dem Päderasten da im Herrenkrug, war ich so achte oder so, hab' daher dann 'n Jahr nich' reden können; auch danach reichlich schräge Jahre, allen nur aufs Maul hab' ick jegeben, klang schon dolle nach Werkhof-Karriere und die janze Nummer. Aber erstens war die Mutti immer cool; un zweetens kam dann doch de Wende, genau mittenrinne in de Pubertät.

O.k., gesoffen wie Harry hab' ick dann, jekifft wie drei Walfische, gejobbt, jemacht un jetan; uf de Schnauze jefalln, wieder aufjestandn, 'n Kind jemacht mit irjndsonn Typen; dann wieder gejobbt, 'n bisschen wenjer jekifft; mit meim kleenen Kind nach Thailand denn, voll süß da unten, total nett alle.

Im Hotel jearbeit hab' ick da, room-service, fast det erste Mal normalet Leben so mit Rhythmen und so; de Kleene war inner Schule jut angekommn, hab 'nen netten Inder kenn' jelernt, dann 'nen voll schmucken Israeli, bis … na, bis nach 'n paar Jahrn mir der Faden riss, voll riss.

Hepatitis hab' ich jekriegt, un' was für eene, bald krepiert dran; mit den letzten Kröten von Mutti über Western Union zurück nach Magdeburg, Kind mit dabei, zwölfe ist die Suavaja jetze. So … und jetze … jetze häng' ick bei euch in Lostau am Seil, hier an der Sauerstoffleine, super Erfindung det; un' voll nette Schwestern hier, rülpsen nich' rum so wie früher als Kind im Altstadtkrankenhaus, voll de Stressbienen damals, heute allet relaxed hier.

Scheiiße, und jetze kommt ooch noch 'n Pfarrer, voll cool, hab' hier sojar 'n Neuet Testament; jut, hab' ick mir vorn im Aufntaltsraum jeschnappt, weil 't gut für 't Fenster-Aufhalten war, so als Blocker, aber denn doch mal reinjekiekt; meine Mutti und meine Freundin Vinny früher in Olvenstedt, die warn ja so jetäuft, und der Ronny, mein verflossner Israeli, der war beschnitten. Jetze guck' ich, wenn ich mal Zeit hab', in Dein Buch, Pfarrer, ehrlich."

Mittwoch 12. April 2017

Im Hospiz begrüßt mich in ihrem Zimmer eine Dame, die von Alter und Anmutung die Schwester der Frau aus Thailand hätte sein können. Dieselbe Offenherzigkeit, leicht bürgerlicherer, nahezu bildungsbürgerlicherer Unterschliff, mehr klassischer Irokesenschnitt als, pardon, Tattoo-Säule. Nicht ganz so atemlos, ein ganz klein wenig gesetzter, aber gleichermaßen voll ins Leben gesprungen, sich riskiert bis zum Anschlag, die Frau G.:

„Nach gut behüteter Bremer Kindheit, bin ich, nachwendisch schon, in der Magdeburger Hausbesetzerszene gelandet. Da war echt Tamtam, Herr Bartosch!

Klasse, da war echt tamtam. Das haben wir geliebt. Da waren super Leute.

Haben echt was gerissen, nicht so 'n depressives Zeug wie heute so manche von den Autonomen, voll cool; ich hatte ja Oberstufe abgebrochen, später mit Ach und Krach Kolleg, paarmal Lehre angefangen, blöde Lehrmeister, irgendwann aber die Elektrikerin geschafft, schon im Osten, sind die ja cooler drin, so mit Frauen und Handwerk und so, naja, konnt' ich bei den besetzten Häusern immer gut klemmen, wenn Sie verstehen. Irgendne Leitung ging immer, zack, hatte die Hütte Licht und im Winter konnsten Elektro-Ofen schnurgeln lassen. In der Alten Neustadt, rundum die Kaffee-Werke, rundum „Röstfein", standen tolle Häuser da, und super Typen, da war voll Kommune.

Naja, gut, als man älter wurde, wollte man 's auch 'n bisschen gemütlicher. Kamen die Kinder, sind jetze drei und acht … und jetzt … naja, wie es aussieht: jetzt ist … vielleicht … schon bald Schluss.

Komisch auch … seit drei Jahren die Lähmung, hab' noch länger als Verkäuferin gejobbt, super Kolleginnen, Buchhandel, hab' mich da so reingefuchst; geht alles nicht mehr, seit ein paar Monaten geht gar nichts mehr.

Bete denn immer, bin ja getauft und konfirmiert bei uns in St. Stephan, in St. Stephan im Norden von Bremen, und die Kinder, die sind auch getauft, war mir immer wichtig, selbst wenn die Kirche viel zu sehr so 'ne Staatskirche ist, aber egal, so was braucht es; irgendwas brauchst Du im Leben, war mir immer klar, war ja nie fromm, fand die Frommen immer eher komisch. Aber meine Pastorin in Stephan und die Jugendleiterin, die waren klasse. Die … die … würden echt heulen, wenn die wüssten, dass ich jetzt im Hospiz liege.

Wobei – Hospiz, denkst du ja vorher immer das Schlimmste drüber. Nee, ist aber nicht. Von Schlag an, als ich hier einzog letzte Woche, von Schlag an kam da noch mal 'ne neue Ebene, na so von … wie soll ich jetzt sagen, von … Frieden? Doch, ist wohl so, von Frieden, mmh … Ob das so bleibt, mit dem Frieden, weiß ich nicht.

Aber warum nicht … warum nicht … ?"

Donnerstag 13. April 2017

Auf der Palliativstation in Lostau treffe ich auf meinem Rundgang auch Herrn L. Ein Mann, geschätzte zehn Jahre jünger als ich, der ruft laut „Tach", als ich an sein Bett trete und mich vorstelle. Und nochmals, laut: „Tach".

Vorurteil: Kannst du knicken hier, die Seelsorge. Als ich mir gerade einen verschwurbelten Satz im Hinterkopf zurechtlege, um einen halbwegs gepflegten Abgang wieder hinzubekommen, sagt er genauso laut:

„Gelobt sei Jesus Christus."

„Äh ..." (Pfarrer guckt – statt dem Gotteslobe adäquat – wie ein Auto vor der Werkstatt-Tür.)

Herr L., wieder:

„Gelobt sei Jesus Christus. Das sagt man doch so, oder?"

„Äh ... (noch reichlich Werkstatt-Tor-Blick:) ... jjjaa, kann man sagen, muss man aber nicht."

„Gelobt sei Jesus Christus. Hab' ich so gelernt. Tat immer gut. Bin ja von hier, von Egeln runter, voll DDR, Mutti und Vati, beide sogar SED, dabei ganz anständige Leute; nach der Wende bin ich gleich ab in den Westen, also noch Frühjahr 90, noch mit DDR-Pass, bin nach Würselen, kennt jetzt jeder wegen dem Schulz, fand ich cool, Holland und Belgien gleich um die Ecke, allein schon wegen der Koffie-Shops; aber mindestens so wichtig war mir echtes Geld, bin zu den Johannitern, hab 'n Rettungsassistenten gelernt, und dann alle Schichten gekloppt, alles gesehen, *alles*.

Und dann traf ich die Maria, meine große Liebe, die war voll katholisch drauf, war die Jungfrau Maria für mich ganz persönlich. Hab' ich mich gleich taufen lassen, im Aachener Münster in der Osternacht, voll die Gänsehaut-Nummer; zwei zuckersüße Mädels haben wir bekommen, alles paletti, bis vor zehn Jahren ... Erst ist die Marie getürmt, mit den Mädels, zu so 'nem Bayern mit Großkohle, konnte ich nichts machen. War vielleicht auch 'n bisschen selber schuld, wegen der Doppelschichten öfter bei den Johannitern, und wegen den Motorrädern und allem.

Gut, irgendwann haben 'se Hodenkrebs bei mir festgestellt. Und ich lag wochenlang allein in Würselen in der

Wohnung, bis meine ältere Schwester von Egeln kam, mich aufgeladen hat, und ab in die Heimat. War ja fast nie mehr da, nicht mal Weihnachten. Und dann hab ich geheult wie 'n Schlosshund, als ich über die Bode bin und hinten die Berge vom Hakel zu sehen waren.

Hab 'n Appartement in Langenweddingen jetze, und drei fürsorgliche Schwestern im Umkreis von 15 Kilometern. Naja, drei mal die Woche skyp' ich auch mit den Kindern in Bayern, sind ja fast flügge jetzt. Was soll ich die mit 'nem siechen Vati beschweren, naja …

Naja … und mit Lostau habe ich jetze 'ne Superklinik. Wegen der Metastasen in der Lunge bin ich jetzt hier. Ist mir schon klar, was das heißt, bin ja vom Fach auch.

Naja … Herr Pfarrer … jetzt sind Sie dran … machen Se mal 'n Segen an mich dran."

„Gelobt sei Jesus Christus …"

Ich mache den Segen „an ihn dran" – und, schluckend wir beide, auch an seine Kinder, „von ferne so dran"…

Dienstag 18. April 2017

In der Geriatrie steht ein regelrechter Strauch von Tulpen, in der Vase auf dem Tisch eines Patientenzimmers. Und Herr A. bittet mich, ihm gegenüber Platz zu nehmen.

Zwischen uns: jener wahrlich riesige, aber nicht gigantomanische, sondern wunderschöne Tulpenstrauß.

Und Herr A. erzählt sein Leben. Fängt an und hört eine Stunde lang nicht auf, bis das Mittagsbrot hereingebracht wird. Das Leben, wie gut das sei, *das* müsse er mal sagen. Oberschlesier sei er ja, vom Revier, aus Königshütte, Vater war Steiger, ganze Familie stramme Nationalsozialisten und dem Polen immer aufs Maul. Was für ein begeisterter Hitlerjunge er war, war das toll damals, die Nachtmärsche in den Beskiden, die Flak auf dem Kokerei-Turm. Herrlich, und dann endlich gezogen, Wehrmacht, noch bis Mittelgalizien, Tarnow verteidigen gegen die Rote Armee, aber gut, Sie kennen die Geschichte, Herr Pfarrer. Sauglück gehabt und die rollende Feuerwand überlebt.

Die Feuerwand, die die sowjetischen Katjuschas auf die Stellungen am Dunajec gelegt hatten; er habe außen links gelegen, zehn von tausend hätten überlebt – nur die ganz außen links. In Przemysl dann im Lager hat ihn gleich der Kommandant geschnappt. Gott sei Dank konnte er, Herr A., ja ein bisschen polnisch, so als Oberschlesier. Und dumm sei er nicht gewesen, habe die Russen schnell verstanden. Und der Aleschow, den Namen kenn' ich bis heute, Herr Pfarrer, der Kommandant Aleschow war ein korrekter; brauchte der halt zwei deutsche Jungs, schon wegen der Sprache und so.

Und drum ab mit dem Aleschow und seiner Truppe nach Niederschlesien. Da war die Front ja mittlerweile, aber bald schon war der Krieg aus. Im Kreis Sprottau lagen wir am 8. Mai, öde Ecke, nur Roggen und faule Kartoffeln. Und im Gutshaus in Weißnichtmehrwie waren wir einquartiert, der Aleschow mit seiner Truppe, und wir sozusagen als seine deutschen Flügeladjutanten, die persönlichen Gefangenen. Hat uns das Leben gerettet, durchaus.

Sind nicht wenige verhungert in dem Winter nach dem Sieg. Oder wurden blankwärts erschossen, haben wir auch live mit erlebt, so ein paar, die im Kornfeld sich versteckten. Hielt der Aleschow die Flinte drauf und dann sahste Köpfe … ja, echt dann sahste Köpfe spritzen.

Sie hatten ja immer Schiß vorm Werwolf, die Russen und waren sicher auch geheilt von dem, wie die Nazis in der Sowjetunion gehaust hatten. Mittlerweile hatte sich das auch bis zu uns deutschen Jungs rumgesprochen.

Waren wir zwar formal kriegsgefangen, hätten auch nie wirklich abhauen können, aber wie gesagt, gab immer Suppe und Wodka. Na, Frauen auch, waren wir noch zu klein zu, aber der Aleschow schob uns immer Bauernmädel zu, wenn er sich selber welche geholt hatte für „lustig", wie er dann immer sagte.

Drei Jahre ging das so, mittlerweile waren alle Deutschen längst raus aus dem Kreis Sprottau. Aber der Aleschow wollt uns, seine Jungs, trotzdem noch, auch wegen dem Polen. Weil der Russe und der Pole, das ging ja auch nicht wirklich. Hat der Aleschow immer gesagt zum polnischen Gebietsverwalter: Pjotr, halt die Schnauze.

Noch mehr so Aufmüpfigkeiten, und wir rufen Genossen Stalin an, und der gibt Schlesien dem Ulbricht. Dann könnt ihr Polskis wieder Windeln waschen in der Weichsel und Schlesien ist für immer futsch für euch.

Wie solche Jahre prägen! Drei solche Jahre lang, komisch.

Danach ging alles ganz schnell. Schule, Studium, erste Stellung. Klar bin ich sofort in die Partei, was denn sonst? Und die Welt stand Dir offen. Kam ich in den Außenhandel, war ich lange Jahre in Syrien, waren doch Freunde damals, war doch alles sozusagen sowjetisch. Und hab' dann mal 'n Genossen in Alexandria besucht, sind wir, samt Frauen, mit dem Wartburg den Nil hoch. Haben wir Bilder gemacht, Wartburg vor Kamelen vor Pyramiden. Und die Fotos später in Eisenach abgebeben. Dann hingen die da jahrelang beim Generaldirektor, unsere Kamelpyramidenfotos, weltläufige DDR und so, herrlich.

Na gut, dann war ich länger in Holland, Erdgas und so, und dann haben Sie mir was angehängt. Soll ich da für den Engländer spioniert haben, also unsere Unterlagen vom DDR-Außenhandel im großen Ausmaß sozusagen an die Jungs von James Bond kopiert haben. Haben Sie mich für nach Berlin ins Ministerium zitiert; ich wusste von nichts, aber als ich aus dem Büro raus war, hatte ich 'ne Handelsorganisation in Anklam als Chef zu leiten. Voll der Abstieg, und ich hatte noch verdammtes Glück ... woran sie mich stets und ständig erinnert haben.

Sehen Sie, und jetze bin ich alt, aber noch nicht doof, und hab' noch Spaß am Leben. Selbst wenn nicht mehr viel kommt ... nicht mehr viel kommen kann ... ach, und ja auch nicht braucht. War ja alles da.

Pünktlich, tatsächlich pünktlich auf diesen Satz hin kommt das Mittagbrot. Als Tischgebet bekommt er von mir den Segen, die eine Hand links, die andere rechts vom Tulpenbaumstrauß, üppig fallen rote gelbe Blätter allerseits auf den Tisch.

Und er dankt noch mal, ausführlich, sehr ausführlich. Teil des Tischgebets?

Naja, denke ich, Christ wird er kaum sein. Aber spielt das eine Rolle? Und was heißt „Christ"? Und wie oft habe ich mich getäuscht.

Mittwoch 19. April 2017

Das Zimmer der Palliativstation betrete ich, wie meist, vorsichtig. Als ich Frau K. lang ausgestreckt auf dem Bett erblicke, die Augen halbgeschlossen unverwandt zur Decke blickend, will ich mich gerade auf Zehenspitzen wieder hinauswinden. Ich sehe gerade noch das Lichtspiel auf ihren Füßen, ihren Händen. Ein stürmischer Apriltag mit Regengüssen und jähen herrlichen Himmels-Aufreißungen und mit spätnachmittäglich schrägen Sonnen-Aufblendungen.

Halt, bleiben Sie, ruft es auf einmal, ich nehme doch gerade mein Lichtbad.

Es ist sooo schön gerade …

Ich weiß schon am Ende des feinen Gesprächs, an der Türklinke kaum mehr, worüber es eigentlich ging, jenes Gespräch. Das „Lichtbad“ – als Ausruf und als physische Wirklichkeit – hat auch mich überwältigt.

Donnerstag 20. April 2017

„Und dann hau ich ab nach Dänemark. Check da aber erst mal die Lage. Hier hab‘ ich die Schnauze voll von den Bimbos, all den Kaffern … “

Ich habe dieses Mal *nicht* widersprochen.

Vorher sagte Herr P., Patient der Inneren Medizin:

„Warum ich hier bin, wollnse wahrscheinlich wissen. Sag ich mal ganz ehrlich: Hab‘ mir die Kante gegeben, Rückfall. War schon vor vier Jahren mal in der Klinik wegen Alkohol, dann trocken, und weiter als Fernfahrer gefahren, alles paletti, bis Palermo runter und bis Inverness hoch, kenn ich allet; dann, letzte Woche, kam ein Anruf aus Stralsund, wo meine Schwester wohnt. Hätt se sich erhängt, sagt der Schwager, wär‘ ja lange depressiv gewesen. Hab’ ich den nächsten Parkplatz angesteuert.

Tür vom LKW zugeknallt und geradewegs durch den Wald geziemert. Steht da wohl kein Baum und Strauch mehr, wo ich lang bin. Glaub‘ ich mal, hab‘ keine Erinnerung, hab’ dann geknackt in der Kabine, bin stur nach Hause, voll das Wunder, dass da kein Unfall kam; bin zum Lidl, Tüte vollgemacht, ab nach Hause, Rolladen zu, Korken raus, laufen lassen. Naja, bis ’n Kumpel kam, mich in der eigenen Kotze fand.

Jetze … was soll ich noch im Leben? Meine Schwester, die große Schwester, die Angelika, ohne die … lass mal … ach, lass mal, Pfarrer … mehr … mehr kann ich heute nicht sagen.“

Und dann kam doch noch, wie aus einer anderen Welt, der Dänemark-Bimbo-Kaffer-Satz. Wie nah das alles beieinanderliegen kann. Und ich still und mit echtem Segenswunsch bei Herrn P. raus aus dem Zimmer, dieses Mal.

Der Fraß hier ist zum Kotzen

Montag 26. Juni 2017

„Der Fraß hier ist zum Kotzen!“, poltert Herr G.

Ich strecke Herrn G. die Hand aus.

„Früher gab es hier noch Essen. Heute – alles nur wie für die Schweine.“

Meine Hand hängt vor Herrn G. in der Luft. Ich bin auf dem Stationsrundgang, auf Pastoralvisite einer Inneren Station.

Und versuche es mit: „Guten Morgen, wie ist denn Ihr werter Name?“

„Hörn Se doch uff mit so ‘nem Kitsch! Keene einz’je Schwester kann hier Juten Tach saaren.“

Ich fahre meine Hand wieder ein. Okay, hier will einer Dampf ablassen. Nur zu, muss manchmal sein.

„Und die junge Ärztin hier is ‘ne janz ‘ne blöde Schickse! Hört einem gaar nich‘ zu, wenn man se fraacht. Und dann de Putze! Die rumpelt hier rum morjens um siebene, als ob se am Hauptbahnhof Gleis 3 mit ner Kehrmaschine rasiert.“

Ich stütze mich am hinteren Bettgitter ab, beuge mich vor, gewinne an Augenhöhe.

Versuche mit:

„Und Sie, haben Sie Schmerzen, Herr G.?“

„Schmerzen!? Dit interessiert hier seit Taaren niemand. Niemand. In so ‘nem Scheiß Land leben wer hier. Det schlecht‘ste Gesundheitssystem in Europa ham wa. Wissen alle, traut sich nur niemand zu saaren nich. Und alle wollen se nur an Deine Kohle.

Allet Arschlöcher!“

„Herr G. …“

„Jetzt kommen Se mir nich mit irn‘twat Nettem, so ‘n Kirchenscheiß oder so. Is doch jelooren, allet jelooren. Dit janze Land is im Arsch. Bildung im Arsch. Gesundheit im Arsch. Nur Arschlöcher an der Spitze, dreiste kapitalistische Arschlöcher!“

„Herr G.!“

„Un jetze auch hier in de Klinik. Wie blöd ein‘m alle kommen! Un wat für ‘n Scheiß se ein‘m vorsetzen! Ich bring det ans Fernsehn. Die machen ‘ne Serie über euch.

Danach seid ihr pleite.“

„Gut, Herr G., dann wünsche ich Ihnen jetzt trotz allem … “

Ich nähere mich ihm, strecke noch mal meine Hand aus.

„Lassen Se doch den Scheiß! Außerdem gehören alle Wessis, aber wirklich alle an die Wand und abgeballert.“

Jetzt ist Schluss! Ich bekomme gar nicht mehr mit, dass die Zimmertür aufgeht und ein Labormitarbeiter kommt. Ich schreie:

„Klar, Herr G., alle sind Arschlöcher, alle sind Arschlöcher, alle! Machen Sie nur weiter so, alle sind Arschlöcher, alle sind Arschlöcher! Ich empfehle mich, Herr G. Und Tschüss!“

Ja, ich habe laut geschrien, *sehr* laut. Besorgte Schwestern sind auf den Flur gestürmt. Und haben mir im Schwesternzimmer erst mal einen Kaffee verabreicht.

Mit dem Satz: „Ach, der Herr G, herrje … " Sie bestätigen, dass Herr G. weder psychiatrisch erkrankt ist noch lebensbegrenzend. Ergo: Er weiß was er tut. Und sie, die Pflegenden – ein wahrlich mit allen Wassern gewaschenes Team, im besten Sinne des Wortes – seufzen tief aus: „Dass man *Sie* mal schreien hört, Herr Pfarrer! Also *uns* bringt der G. zum Wahnsinn. Muss jeden Tag Holz hacken nach dem Dienst, seit der da ist."

Bei der Fortsetzung der Pastoralvisite, des Stationsrundgangs, sprechen mich zwei junge Patientinnen an, eine Apothekerin und eine Ergotherapeutin:

„*Sie* waren es, der da geschrien hat? Gott sei Dank hat mal einer geschrien.

Wissen Sie, da im Nachbarzimmer ist den ganzen Tag und die ganze Nacht Bambule. Der macht die alle lang. Und dann heulen die sich alle bei uns aus, die Schwestern, die Ärztinnen, die Putzfrauen, echt alle. Was ist eigentlich los bei uns im Land?"

Natürlich frage ich mich: Habe ich einen Fehler gemacht mit meinem Ausraster. Auf dem Flur rumschreien, einen Patienten lang machen, das geht gar nicht. Gar nicht, schon klar, und ich habe es daher gleich gemeldet. Darin möchte ich korrekt bleiben.

Und, wenn es an dem wäre, auch Konsequenzen zeitigen. Ein solcher Ausraster eines Pfarrers gehört natürlich „bearbeitet", wie es so schön heißt. Wobei „bearbeitet" stimmt, weil es Arbeit macht. Unmittelbare kollegiale Beratung und mittelfristige supervisionelle Analyse – selbstverständlich.

Und auch zu beten habe ich hier, für mich und natürlich für Herrn G. Wozu sonst dient denn das Gebet, wenn ich schon Pfarrer bin? Die Psalmen sind dafür – neben allem Gotteslob – das urälteste Medium persönlicher wie kollektiver Aggressions-Durchknetung.

Die Frage der Apothekerin und der Ergotherapeutin, was denn los sei im Lande, steht denn auch noch im Raum. Fragen, viele, viele Fragen. Jedenfalls: Seelsorge ist kein Kuschel-Rock. Nein, Seelsorge ist so gar kein Kuschel-Rock.

Mittwoch 28. Juni 2017

„Ach, Herr Pfarrer, Sie haben eine anstrengende verantwortungsvolle Arbeit."

„Äh … "

„Jaja, ich weiß Bescheid. Sie haben eine außerordentlich anstrengende verantwortungsvolle Arbeit. Wenn man so für all die Menschen unter einem verantwortlich ist."

„Ach, nein, direkte Personalverantwortung habe ich keine."

„Herr Pfarrer! Personalverantwortung, das ist auch so ein Wort. Ich war immer für viele Menschen verantwortlich. Bei der Armee war ich als Generalmajor, jetzt wissen Sie Bescheid."

„Ach so … "

„Jaja, schon klar, ganz andere Welt als die Ihre. Kommen Sie etwa auch noch, zu allem Übel, aus dem Westen?"

„Und wie ich aus dem Westen komme, zu allem Übel!"

Ich sage dies lachend, denn auch Herrn P. auf der Chirurgischen Station hat seine Frage lachend gestellt. Nun gut, jetzt kratzt er sich doch am Kopf, der Herr P., muss einmal aus dem Fenster schauen, sich einen Ruck geben und neu ansetzen:

„Sie, Herr Pfarrer, haben Verantwortung, so oder so. Also, das dürfte Ihnen ja klar sein, ich bin Atheist. Durch und durch bin ich Atheist. Da können Sie mir nichts anderes mehr beibiegen. Wollen Sie auch nicht, das weiß ich. Und das achte ich. Das achte ich sehr. Und habe es immer geachtet. Hatte ja auch mit vielen von Ihnen zu tun. Und das ging fast immer erstaunlich freundlich."

Herr P. redet so schnell, dass meine Gedanken kaum nachkommen, sich aber in Kopf und Herz mächtig zu wölben beginnen. Er gehört zu jenen Leuten, die einen im Gespräch nicht aus den Augen lassen, dabei aber alle Regeln der Höflichkeit rauf und runter verinnerlicht haben.

„Wissen Sie, ich war ja lange in Moskau. Beim Studium."

„Ah, Lomonossow", versuche ich meine bescheidenen Kenntnisse einzuschmuggeln. Er lächelt vielsagend:

„Akademie des Militärs der Luftstreitkräfte. Da war ich. 1961, wissen Sie."

„Äh … "

„Na, da habe ich nicht nur Aerodynamik gehört, Herr Pfarrer. Und nicht nur Marxismus-Leninismus. Da gab es täglich handfeste Gefechtsübungen. Und Schießübungen. Das war ernst. Und dann kam ich zurück in unsere Republik. Und die ganzen Panzerarmeen standen hier alle mit dem Rüssel nach Westen. War doch klar. Machen wir uns doch nichts vor. Eine Million Russen waren hier. Die meisten übrigens sehr nette Leute. Haben wir viel mit … naja, gesoffen. Sto Grammow Wodka. Sto Grammow, das putzt. Und dann noch mal Sto Grammow.

Schwupp, war ein halber Liter intus. Aber nein, das war nicht alles."

Er rückt sich.

„Nach Hitlers Überfall auf die Sowjetunion", hebe ich an, „war es keine Selbstverständlichkeit mit dem Deutsch-Russischen, oder?"

Ich versuche schon wieder mit einer Brücke zu winken. Wieder Lächeln, vielseitig.

„Nein, das war nicht selbstverständlich. Aber was ist schon selbstverständlich?

Ist das *heute* alles selbstverständlich? Was wissen die schon, die jetzt die Welt regieren? Aber lassen wir das, Herr Pfarrer, Sie müssen weiter. Bitte", wieder reckt er sich, „bitte, nehmen Sie von einem ausgewachsenen Atheisten mit, dass er großen Respekt vor Ihrer Verantwortung hat."

Er lächelt vielseitig, gar nicht zynisch, nicht mal ironisch. Aber es ist auch klar, dass da Welten und Meere und Kontinente zwischen uns liegen. Ein Abschied von Hand an Ellbogen gleicht schon fast einem Bruderkuss. Aber immerhin, wir bekommen es hin.

Vor der Tür denke ich: So, jetzt bräuchtest Du ein Wochenend-Kompaktseminar. Über den Aufbau der Nationalen Volksarmee. Über die Rolle der NVA in den Streitkräften des Warschauer Pakts. Über die Menschenrechte in diesen Armeen. Über die Rechte der Bausoldaten und Kriegsdienstverweigerer in der DDR und deren Schicksale. Über den Übergang von der NVA in die Bundeswehr. Über die Gespräche, die damals 1990 geführt wurden. Und die seitdem geführt werden. Über die weiteren beruflichen oder auch Ruhestands-Lebensläufe leitender Offiziere der Armee und der Grenztruppen und der sogenannten Kräfte des Inneren. So wenig weiß ich.

Auch schillere ich mit meinen Gefühlen: Verrate ich in solcher Ellenbogerei jenen Patienten, der mir am Vortag angedeutet hat, dass er in der DDR im Knast saß? Wegen einer lächerlichen Flugblattgeschichte zermürbt wurde, nach allen Regeln der Kunst.

Auch: Wer hat eigentlich in den vergangenen 25 Jahren mit jenen ... ja, doch, ist doch so: Führungskräften geredet? Oder haben die nur ihre vielfach verschlüsselten Chatrooms? Und ab und an einen Hausbesuch von – sagen wir mal – Krenz gehabt?

Stimmt die Vermutung, dass viele von denen heute eher AfD als Linke wählen, wegen dem Autoritären und – ja, auch wegen dem Deutschen?

Schließlich: Wer im Westen ist eigentlich jenes Deutsch-Russische angegangen, außer dem inneren Kreis um Willy Brandt, außer Aktion Sühnezeichen? Dass das gesamte Deutschland ab 1941 in Russland etliche Millionen mehr Tote „produziert" hat als die auch nicht zimperliche Rote Armee umgekehrt. Und dass schließlich der Osten dieses Deutschlands die Sache mit den Russen zu regeln, auszuhalten, umzuwandeln, neu zu ordnen hatte. Überwiegend halt doch wieder der Osten, eigentlich bis heute.

Seelsorge hat mit Begegnung zu tun, mit Gefühlen. Lese ich so, hier und da.

Stimmt ja – *auch*. Was aber ebenfalls stimmt: Seelsorge hat mit der gesamten Wucht der Geschichte und der Politik zu tun.

Freitag 30. Juni 2017

Die Frau etwa meines Alters platzt in mein Seelsorgezimmer. Das kommt eher selten vor. Sie platzt aber wirklich hinein, nicht einmal fordernd, einfach platzend:

„Mein Bruder!"

Und dann entblättert sich ein ganzes Familiendrama. Der Bruder, wie er säuft. Und die Mutter, die alte Familienpatronin, wie sie fürsorgt und herrscht und schützt und gluckt. Und die Ex des Bruders, die jeden Tag noch die Wäsche dort wäscht, fluchend und kuschelnd und heulend. Und die sieben Arbeitgeber nach der Wende, bei denen der Bruder es versucht habe, ein begabter und sensibler Mensch. Aber immer wieder der Teufel von Flasche. Die Kliniken, in die er sich kurz einweisen lässt und dann wieder abhaut. Weil er keinen Bock auf die Psychos dort hat. Und und und …

Nein, sie könne, ja: sie dürfe nichts mehr für ihren Bruder tun, sage ich. Meine persönlichen Erfahrungen mit professioneller Suchtkrankenhilfe liegen über 20 Jahre zurück, bei der Diakonie Düsseldorf. Es waren nachhaltige persönliche Begegnungen und Klärungen.

„Helfen" ist der Tod im Topf. Finger davon! So sage ich. Diese Schwester kann nichts für ihren Bruder tun, gar nichts. Sage ich ihr. Aber für sich, und ihre eigene Familie.

Und nach und nach kommt heraus, dass ihre eigene Familie genug Aufgaben für sie bereithält, wichtige als junge Großmutter, neue Berufsperspektiven mit einer vielversprechenden Weiterbildung.

Großen Respekt habe ich vor dieser Frau. Die ihre große Not um den Bruder nicht verschweigt. Die ihn liebt, aber auch ehrlich bleibt. Die was für ihn tun will.

Aber berührend schnell versteht, dass nur der sogenannte Umweg über die eigene Selbstsorge (inclusive Angehörigengruppen) die echten brüderlichen Türen öffnen kann – vielleicht, ohne jede Garantie.

Montag 3. Juli 2017

Auf Beerdigungen würde so viel gelogen!

Frau R. blickt mich konzentriert an, Tränen schießen ihr in die Augen.

Wir sitzen auf der Palliativstation. Herr R. liegt dort, seit mehreren Tagen nicht mehr wach ansprechbar. Er wälzt sich leise. Seine Finger spielen in der Luft als wie auf einer Flöte. Seine Augen hat er geschlossen. Er atmet, seufzt, wälzt sich wieder.

Und doch wirkt dies alles nicht schrecklich. Ein Mensch auf einer Reise, dieses möglicherweise abgedroschene Bild stellt sich mir ein.

Frau R. – natürlich, wie denn anders! – bricht es das Herz, ihren Mann so zu sehen. Aber weder läuft sie davon. Noch dramatisiert sie. Noch fordert sie ein, dass man ihm helfen oder gar ihn erlösen möge.

Es ist, wie es ist. Jedes Wälzen, Fingerspielen, Augenschließen …

Aber dass auf Beerdigungen so viel gelogen würde! Das beschäftigt sie, und dies will sie mir unbedingt mitteilen.

Dabei spürt man und frau sehr genau, wenn man das Zimmer betritt: Hier ist ein Paar, ein veritables Paar.

„Sie beide haben sich … geliebt", frage ich.

„Und gestritten!", ruft sie aus. „Oder? Geht das etwa anders?"

Ich lache laut auf: „Endlich mal jemand, die da ehrlich ist!"

„Sehen Sie!"

Und auf den Beerdigungen wird dann immer gelogen, dass die Schwarte kracht. Ach, wie man immer füreinander. Und nie ein böses Wort. Und kein Blatt Papier dazwischen. Dann muss die Rednerin oder die Pastorin auf einmal hüsteln. Und ich denke dann: Komm, gute Frau, du weißt genau …

„Und Sie, haben Sie viel gestritten mit ihrem Mann?"

„Na, und ob! Dieser sture Oberschlesier! Sie wissen doch, wie die alle sind! Haben alle einen Schaden von der Flucht, ist doch klar, ist doch logisch. Konnte nichts wegschmeißen, gar nichts, zwei Garagen voll Müll, noch Drahtspulen aus den Fünfzigern, alte Stern-Radios stapelweise, Diamant-Fahrradrahmen rein aus Rost, aber bloß nichts wegschmeißen. Und, wissen Sie, ich bin doch von hier, hab' auch meinen Kriegsschaden. Bei Sirene und Feuerwerk muss ich meinen Fernseher immer auf Zwölf schalten. Dann fluchte mein Mann, hielt sich die Ohren zu.

Und wegen der Kinder gab es auch immer wieder Streit. Ich war streng, Papi immer lieb, vor allem zu den Mädchen. Furchtbar! Na klar, und wegen Geld gab's Streit!

Ich war bei der HO, hab' mich hochgearbeitet. Er hatte nachher auch eine gute Stellung. Und er wollte immer Elektronik, ich mal was Nettes aus den Delikat-Läden, mal zum Geburtstag richtig gutes Obst. Ging das tagelang hin und her zwischen mir und ihm."

„Du, liebe Güte, Frau R.!" Ich muss schmunzeln und auf dem Stuhl rutschen. „Du liebe Güte! Und, wie haben Sie ihn eigentlich kennengelernt?"

„Na, über seine Schwester, die war meine Kollegin. Und dann die Familienfeiern, meine und seine, da war vorher auch immer dicke Luft."

„O ha, Frau R.!" Ich muss noch lauter schmunzeln und noch doller rutschen.

Sie schlägt mir unvermittelt regelrecht auf die Finger, rückt mir nah, reckt ihren Rücken kerzengerade:

„*Geliebt* hab ich den ollen Stiesel! Geliebt und geliebt! Und das weiß er auch. Und mir hat er auch oft genug gesagt, dass ich sein Ein und Alles sei."

Soll ich Ihnen verraten, was mir vor der Zimmertür passierte? Tränen schossen in meine Augen. Ich war soeben bei einem alten Liebespaar. Ja!

Seelsorge kann wunderschön sein.

TÜV-Kontrollen an der Muselmanenfront

Freitag 28. April 2017

Der Herr Professor freut sich über das Erscheinen eines Christen: „Ach, es gibt sie noch, die Christen!“

Als ich gerade in meinem Kopf zu rätseln beginne, ob hier ein strenger evangelikaler Vertreter liegt, geht es anders weiter:

„Demnächst gibt es nur noch Muselmanen. Und unsere Politiker ducken sich alle weg. Sind alle feige. Sehen Sie, ich bin Chemiker, habe alles gesehen, alle Herrn Länder, war lange in Chile, war lange in Vietnam und vor allem in Afghanistan.

Ich kenne den Moslem. Und wir Deutschen, wir sind so blöd und schieben ihn nicht ab.“

Nun kommt des Professors Mitpatient der Pulmologischen Station, ein Bäckermeister, aus der Deckung:

„Früher beim Sozialismus durfteste schimpfen, aber nicht zu laut. Heute wieder.

Wenn Du Pech hast, biste damals im Knast gelandet, heute wieder.“

„Mein Herr!“, entfährt es mir.

„Na gut, na gut, aber wirste kalt gestellt. Is‘ fast dasselbe.“

„Ein falsches Wort über den Islam“, nun übernimmt der Hochschullehrer wieder, „und Du stehst in der rechten Ecke. Der Erdogan ist doch Faschist …“

„ … und will die Todesstrafe, die kein Christ ernsthaft wünschen kann“, bestätige ich ihn.

„Ich weiß, dass unser deutsches Volk belogen wird und das Abendland untergeht“, fährt der Professor ungerührt fort.

„Und manche von den Brüdern sind besonders dreist“ – jetzt wieder der Bäckermeister – „die lassen sich taufen! Bei uns in Aschersleben neulich, erst in die Kirche rein und draußen die Leute dann dumm angrinsen.“

Jetzt ist es an mir, die radikal evangelikale Karte zu ziehen:

„Missbrauch von Religion gibt es sicherlich. Aber wenn fast alle dieser Iraner oder Irakis oder Afghanen ihr Leben bewusst und ganz in der Taufe ihrem und unserem Heiland Jesus Christus hingeben, dann ist dies deren tiefer tiefer Ernst.“

Nun fahren langsam die Bremsen aus (vielleicht haben die beiden Herren *auch* gespürt, dass zumindest eine kleine Luftschicht gemeinsamen Ringens möglich ist, auch in meinem eigenen Herzen).

„Jaja, meine Kinder wurden ja damals auch noch konfirmiert“, sagt der Bäckermeister. „Und die Einrichtungen hier, so was von gut.“ Sehr dankbar sei er, dass er hier so sehr gut behandelt werde.

Der Professor hat, naturgegeben, einen leicht längeren Bremsweg, muss noch ein Mini-Proseminar Arabistik einfließen lassen, kommt dann aber auch zu einem fröhlichen Abschiedsgruß mit besten Wünschen. Vor der Tür allerdings nur ein Gedanke: Und jetzt Pause, Seelsorger!

Dienstag 2. Mai 2017

Aach, iihr Weestler versteeht rein jaar niichts, erfahre ich in der Geriatrie.

Iihr wiisst niecht, waas hiir warr loos. Derr Rruusse hatt *aalles* miitjenomen, aalles.

Die Karrtooffeln muussten wiirr schiitten iiberr ejne Rruutsche, und aalle, die wo waaren *guute* Karrtooffeln giingen nach Ruusland und nach Poolen. Uund bei ejch kaam deer Ameerikanner uund haat jebauut. Un naach dejm poliitschen Uumschwung haabt iihr jesaacht: Diie sind faaul im Oosten.

Gut, Frau P., gebe ich zu, dass viele im Westen das vergessen und verdrängt haben, dass ganz Deutschland die Sowjetunion überfallen und Polen so grausam gequält hat. Und nur die Osthälfte bezahlt hat. Genauso, wie Sie sagen. Wenigstens durch den Soli gab es gewissen Ausgleich, nicht als Armenförderung, sondern als Ausgleich für diese krass unterschiedlichen Nachkriegszeiten.

Frau P. fährt ungerührt von meiner kruden Mischung aus Verteidigung, Mitgefühl und Polit-Seminar fort:

In meijne Heijmat, am Friischen Haaff, hiinter Tolkemitt, daa waar sich meijne Juurend. Uun der Vaater waarr eijn Schweiizer, deer haat doort gefiiiert eijne grooße Riitterguut. Uun daaruum hat eer sich bekoomen eijne Eijnladung naach Großalsleben, hiier heerunter, gaanz weijt im Weesten von zu Haaus.Daas waar 39, un iich waarr siebzehn.

Die Muutter un der Vaater waaren sich schon aalt, aals sie bekaamen Kiinder, meijne beijden Schweestern un miich. Uun iich waarr auuch schoon äälter, aals ich ging heijraten, bei uuns in der Dorfkiirche in Grooß-Aalsleben. Meijn Maaan kaam aus dem Kriiech, waarr sich verwuundet und viier Jaahrn beim Wiiederauufbauu von Minsk als Gefaangner. Iimmer maacht dr Kriieg de Geschiichte; mein Vaater ist ja von 1884 (mein Gott, denke ich, was für ein Bogen, im Jahre 2017!). Uun das Ritterguut in Grroß Aalsleben wuurrde doch konfisziiert. Ach, Sie wissen ja gaarr niichts, gaarr nichts, was sich waarr gewejsen daamals.

Nein, ich bin jünger und von woanders her. Das kann ich nicht wissen, da haben Sie Recht.

Uun ooft glauubt mirr keijner meehr. Laange haab ich nicht erzäälen könn'n vom Riitterguut. Uun vom Ruussen.

Sie macht eine Pause. Und ich ahne, was mit „Russe“ neben allen Kartoffeln eben auch noch gemeint war für eine junge Frau, damals … Dann, nach dem „Russen“ und der tiefen Pause, folgen weitere himmelshohe Bilder vom Haff in Ostpreußen, Reihen um Reihen von Kartoffeln im späteren Volksgut in Groß-Alsleben. Sie hält sich ihre schwielenvollen, schweren und immer noch gut durchbluteten Hände vor die Augen, immer wieder. Dann schaut sie mich an, durch und durch. Und nickt. Und schweigt. Und neigt die Augen, als ich sie – in einer fast bescheidenen Geste – segne.

Und nimmt mit jenen Händen dann die meinen. Wie einen Segen, von ganz fernher.

Mittwoch 3. Mai 2017

Und noch mal, die Landwirtschaft und ihre Menschen:

Was der liebe Gott eigentlich mit ihm vorhabe! Gerade 50 sei er, erst Kunstherz, jetzt Lunge kaputt. Jeden Tag einmal tue er beten.

Vater – unser – im – Himmel.

Jedes Wort hängt mit Gewichten schwer, als er es sagt. Er, der Bauer, von Schricke, seinem Dorf, wo schon der Opa und die Oma und alle. Altes Gehöft, fast ein Schuppen, aber nein: sein Haus. Und als er es renoviert habe, drei Tage vor dem Richtfest, Herzinfarkt.

Naja, Richtfest, drei Kisten Bier für die Jungs aus der Nachbarschaft. Alles Heimarbeit. Der eine kann putzen, der andere Strippen ziehen, der dritte Gas, Wasser, Scheiße. Und zur Not kann jeder auch den anderen vertreten. So ist's auf dem Dorf. Naja, von denen die geblieben sind.

Eigentlich wär er ja schon tot, so medizinisch und so. Eigentlich wär's längst aus.

Ist aber nicht. Ist noch nicht. Vielleicht auch, weil er immer – wie heißt das da im Katechismus? – weil es da doch heiße, wer Vater und Mutter ehre, der könne länger leben. Oder?

Er lacht kräftig, fährt gleich fort:

„Warum eigentlich bin ich noch am Leben? Kannste dich eigentlich nur wundern. Hab‘ ich nur‘ n Radius von 30 Metern pro Tag, zur Zeit. Mehr geht nicht. Aber die 30 Meter, die hab' ich. Und viele von meiner Familie sind nicht mal 50 geworden. Alle kapott gearbeitet. Alle habense zwei oder drei Schichten gekloppt, sind auf der Baustelle umgekippt, am Steuer eingeschlafen und vor 'n Baum gedonnert.

Ich bin noch da. Und bleib noch was. Kann ich doch den Teufel hier viel besser ärgern als von der anderen Seite aus, oder?"

Lachender Prankenschlag – mein Tag ist gesegnet.

Donnerstag 5. Mai 2017

„Ja", sagt die junge Gärtnerin und lacht.

„Ja, vielleicht habe ich noch ein paar Wochen. Oder Monate? Was weiß ich schon?"

Sie schaut versonnen aus dem Fenster des Hospizes. Hübsch ist sie, und sehr schmal. Sehr, sehr schmal.

„Die wichtigsten Dinge habe ich verstanden im Leben", fährt sie fort, und streicht sich eine Strähne hinters Ohr, schaut lange zur Decke. „Kann vielleicht nicht jeder sagen am Ende des Lebens, oder?"

„Mmh, eine große Frage", entgegne ich stotternd, weil ich in der Tat nicht weiß, welche Antwort die richtige wäre. Aber Antworten werden wohl in der Regel überschätzt …

„Einen Partner hatte ich nur kurz, Kinder keine, meinen Vater nie kennengelernt."

Sie macht eine Pause, lächelt. Wissend? Hilflos? Nein, nicht hilflos.

„Meine Pflanzen hab' ich immer geliebt, mehr die großen, war lange in der Baumschule. Habe am liebsten Mauern bepflanzt. Glyzinien, Wein, hab' gepfropft und Experimente gemacht. Habe Bienen angelockt und geschaut, welche Vögel wo nisten wollen. Hat das jeder erlebt, der stirbt?"

Jetzt bin ich es, der lächelt. Wissend? Hilflos?

„Ich werde mal wieder etwas ruhen, Herr Seelsorger. Das Gespräch war lang für mich.“

Ja, fünf Minuten können lang sein. Ein Leben kann kurz sein. Oder lang? Ach, Gott, segne alle Pflanzen aller Mauern dieser jungen Frau.

Heute Abend werde sie die Augen schließen

Dienstag 18. Juli 2017

Heute Abend werde sie die Augen schließen, für immer.

Ich brauche nicht erschrocken zu schauen. Heute Abend werde sie die Augen schließen, für immer.

Und probehalber schließt sie schon einmal die Augen.

Sie nimmt einen tiefen Schluck Luft, blinzelt, hüstelt leise und seufzt aus.

Frau K. muss nicht in die Schweiz zu Dignitas fahren.

Frau K. muss sich keiner niederländischen Euthanasie unterziehen, vulgo: sich von vermutlich wohlmeinenden Ärzten töten lassen. Frau K. liegt in einem Pfeiffer-Krankenhaus, könnte auch in vielen anderen deutschen Krankenhäusern liegen. Auch hier in Deutschland darf frau, darf man sterben, bei Bedarf mit weitgehender Schmerzmedikation. Das Ganze ist hinterlegt in den Richtlinien für palliative Sedierung, die einer strengen ärztlichen Selbstkontrolle und fachgesellschaftlichen Dauerüberprüfung genauso unterliegen wie sie in vielen ethischen Fallberatungen, natürlich jeweils bezogen auf den einzelnen spezifischen

Fall, interdisiziplinär beraten werden. Das „Sterben-dürfen" kann als Frucht der internationalen Hospizbewegung gesehen werden.

Und nun wieder zu Frau K.:

Während ich noch meine Gedanken und Atemwege sortiere, öffnet sich die Tür.

Tochter und Schwiegersohn und Enkel von Frau K. betreten das Krankenzimmer.

Freundliche Menschen, tränengeschüttelte Menschen:

Ach, der Pfarrer sind Sie – na, kirchlich ist keiner in unserer Familie, begrüßt mich der Schwiegersohn. Aber darum geht es Ihnen ja nicht; das wissen wir schon.

Alles andere … ja … was – was wissen wir vom Leben, oder?

Dass die Mutter sich jetzt so entschieden hat, in den letzten Tagen, ja … das ist richtig.

Ja, das ist richtig, wiederholt die Tochter, mit einem abgrundtiefen Seufzer.

Und verdammt schwer, schluchzt die Enkelin hinterher und fällt in die Arme ihres Vaters.

Verdammt schwer, wiederholt die Tochter, lehnt sich an die andere Schulter ihres Mannes. Der auch schlucken muss, die Schultern zuckt, mir halb hilflos, halb dankbar zuzwinkert.

Frau K. hat dieses ganze Gespräch mit halbgeöffneten Augen verfolgt. Kann es sein, dass sie dabei lächelt?

Ja, sage ich, vor einer Woche hätten wir lange gesprochen, Frau K. und ich. Ich könne mich gut erinnern. Wie stark das Leben von Frau K. gewesen sei!

Bis zuletzt, presst der Schwiegersohn hervor, bis zuletzt sei es stark gewesen, bis jetzt sozusagen.

Ich erinnere mich an Bruchstücke dessen, was Frau K. mir erzählt hat. Eigentlich ist sie „nur“ eine Putzfrau. Bei genauer Betrachtung aber die Königin von Ordnung, Hygiene und frischer Luft. Sie war Brigadeleiterin; später führt sie einen Kiosk an den Seen bei Pretzien und Dannigkow. Ganz, ganz am Ende kommt die fatale Diagnose.

Aber selbst von dieser erzählt sie mit jener Art Lebenssättigung, die weitere Fragen einfach auflöst:

„An irgendwas muss der Mensch ja sterben. Ist mir seit Jahrzehnten klar, seit mein Mann starb, jung und plötzlich.“

Da Frau K. keine weiteren Therapien mehr will, da die Ärztinnen und Ärzte diese Entscheidung akzeptieren können, da mehrere Tage seelischer und auch medizinischer Überprüfung ins Land gehen, da mehrere Gespräche mit mehreren Familienangehörigen zu letztlich immer den gleichen Ergebnissen kommen – darf und kann über palliative Sedierung gesprochen werden.

Palliative Sedierung gibt keine Garantie eines schnellen Sterbens, nicht einmal zwingend die Garantie eines sanften Sterbens. Aber hat denn doch „noch einiges im Schrank“, wie es häufiger heißt. Nicht der Mensch ist Herr über Leben und Tod, drum. Oder – „unkirchlich“ gesagt – die biochemischen Kontingenzen innerhalb der je individuellen nosologischen wie konstitutionellen Bedingungen der Abwehr einer lebensbedrohenden Epikrisis lassen einen standardisierten Ablauf nicht als Mittel der Wahl erscheinen. Es sei denn, man greift eben gezielt zu einem solchen fixen medikamentösen Standard, siehe Dignitas und die niederländisch-belgisch-luxemburgische „Euthanasie“.

Man kann diese standardisierte gezielte Lebensbeendigung moralisch auf die eine oder meinethalben auch auf die andere Art und Weise bewerten. Jedenfalls: Verzicht auf Standard ermöglicht der palliativen Sedierung hochindividualisierbare Spielräume.

In vieler Hinsicht wird der Ball solcher ärztlichen Entscheidungsräume von den Sterbenden selbst zurückgespielt. Denn die palliative Sedierung hat Überschneidungen mit dem Sterbefasten. Als Sterbefasten werden seelische, geistige, körperliche und auch soziale Prozesse zusammengefasst, die auf im Grunde jahrtausende-alte Erfahrungen fußen: „Ich will nicht mehr. Es ist genug. Ich will versammelt werden zu meinen Müttern und Vätern." So spricht das Alte Testament, und so gilt es noch heute.

Meine Erfahrung nach fast drei Jahrzehnten Diakonie und Seelsorge: Einen assistierten Suizid (Euthanasie oder dergleichen) braucht es gar nicht. Eher und im Gegenteil braucht es in Deutschland – um der hunderttausenden depressionserkrankter Menschen wegen – eine vernünftige Suizid-Prävention.

Und all das Theater, pardon!, das gemacht wird um fraglos tragische und sehr medien-affine Einzelfälle der Intensivmedizin, gehört energetisch stattdessen auf das vieltausendfach größere medizinische wie seelische Forschungsgebiet fokussiert: Wie denn demenzerkrankte Menschen leben und sterben wollen und können.

Drum sollten wir in Deutschland anders über jenes Phänomen sprechen, was man und frau „Sterbefasten" nennen kann oder auch anders, jedenfalls um all jene intimen, durchaus schwankenden und denn doch oft verblüffend zielsicheren Entscheidungswege, die einen Menschen zum Sterben führen.

Frau K. und ihre Familie interessieren sich nicht für solche diffizilen und auch politischen Fragen. Sie sind beieinander. Ich lasse sie, verabschiede mich zügig.

Denn sie gehören nun einander.

Ob sie heute Nacht wirklich für immer die Augen schließt, diese lebensvolle Frau K.?

Oder einige Nächte und Tage später? Möge sie gut zu ihren Müttern und Vätern versammelt werden.

Mittwoch 19. Juli 2017

Der Mann, mehr als zwei Meter Länge, reckt sich in seinem Bett. Und er stößt dabei lautscheppernd an alle Begrenzungen. Das Bett wackelt; laut lacht er auf:

„So als Kraftfahrer, und jetze im Bette, det jeht jar nich'. Jedet Jahr 'n paar viele zehntausend Kilometer jerissen. Un jetze sin' de Knochen kapott. Die Bandscheibe, allet im Arsch. Aber wat denn, er wolle ja nich klaaren. Den annern hier jeht et vül schlechter. Meensch, Herr Pfarrer, da wirste ooch demütich, wa?"

Er richtet sich auf; er schlägt sich auf den Schenkel, dass es kracht. Wieder wackelt das Bett tüchtig.

„Nu jib man nich' so an", kommt es vom andern Bett rüber.

Ein kahlrasierter Kopf grinst frech in die Welt:

„Machste een uff fromm, wa? Bloss, weil der Pope reinschneit. Jetze ma' jar nüsch jejen Sie, echt nich'. Aber ‚demütig', lieber Jott, so 'n Wort hab ick ewich nich' jehört nich."

In meinem Kopf beginnen sich verschiedene Gedankenlinien gerade aufzubauen, da geht es weiter:

„Bei uns in Oebisfelde bin ick ja konfermiert", fährt der Kahle ungerührt fort. „Beim Pfarrer Müller, war ‘n janz ‘n coolen, ja? Liecht ja ooch schon zwanzig Jaahr jetze zurück, mit de‘ Konfermatjon. Aber neulich hab ick dem det Dach wieder ma repariert.

So als Schornsteinfeejer biste ja nich‘ fies vor so ‘m steilen Kirchdach. Als ick da oben so zugejen war mit de‘ Pfannen und de‘ janze Driss, wo da so mein Blick über de Aller und det Städtchen so ging, war jutet Wetter, konnste ewig weit gucken. Da, ach, Scheiße!"

Auf einmal wischt er sich mit dem muskulösen Oberarm die Nase. Und noch mal.

„Scheiße, da musst‘ ich an meine Mutti denken. Die is schon lang tot, viel zu lang. Die hat der Pfarrer Müller begraaben. Ejal, da oben uffm Dach, da ha‘ ick mir wieder jesacht, da kam mich dat so wie anjeflojen: Det Leben, det is grausam und det is genial. Allet irjentwie uff ei 'mal."

Und wieder der Oberarm und die laufende Nase. Und der Kumpel Kraftfahrer, der lachend ein „Siehste" rüberwirft, von Bett zu Bett, von Bandscheibe zu Bandscheibe. Das eine Bett quietscht, die andere Nase läuft, die Sonne scheint und der Segen, der Segen rund um diese beiden gestandenen Kerle, der steht fest.

Donnerstag 20. Juli 2017

„Is‘ ja schon doof mit dem Krebs, aber ick mach et mir noch schön vorm Sterben."

Die Patientin ist jung, viel zu jung.

„Wissen Se, ick sach, det hier is ‘n Hotel. Allet supernette Leute, ehrlich ma‘, suupernett. Un’ die Wochenenden sin‘ totlangweilich, aber unter de‘ Woche is‘ immer Animation. Wenn Se versteh’n, wat ick so mein. So mit de Physiotherapie un‘ mit det janze Atemzeuch un‘ so mit ’n Pfarrer un’ so.

Unn sons, sonste kiek ik viel us ‘m Fenster, dit is ja ‘n doller Blick so bei euch in Lostau, janz ’n dollen Blick. Kannste eewich weit kieken. Sach ick mir, dit is mein Strand da draußen, da an der Elbe, dit is mein Strand.“

Beide schauen wir jetzt aus dem Fenster. Das Wetter heute ist trüb, dampfig, unsympathisch. Der Blick geht über die Elbauen undefinierbar weit, bis zu Alt-Elbarmen, Weidenreihen, dem alten Dorf Lostau. Und weiter links kommt das Rothenseer Industriegebiet, die Windräder, das Müllheizkraftwerk.

„Dann steht da hinterm Strand ooch noch der Dom, sehn Se, janz weit da hint‘n? Is‘ doch ‘n dollen Strand, sach ick dan immer zu mei‘m Mann. Haste gleich so‘n echten Dom dabei, sozusaaren den lieben Gott als Strandwächter.“

Frau L. ist in der Tat umwerfend. Es gibt ja in der Gesundheitsbranche so alle möglichen (und unmöglichen) Imaginations-Trainings (neben den Unseligkeiten vom „positive thinking“ graduell besser). Frau L. kloppt, salopp gesagt, gerade mit einem einzigen Auftritt eine ganze Trainerbranche in die Tonne. Samt dem Seelsorger, der gar nicht mehr viel machen und sagen soll – und will. Wozu auch? Der Große Strandwächter ist doch da, für Frau L. und auch für den Seelsorger.

Dienstag 25. Juli 2017

„Mein Mann ist wegen der Wessis so schwer krank, das sag' ich Ihnen mal ganz ehrlich!"

Frau L. kocht innerlich, schlägt mit der Hand auf die Tischkante und guckt mich herausfordernd an. Klar weiß sie, dass ich Wessi bin, längst bevor ich es ausspreche.

„Mein Mann – Erwin nick mal!", und Erwin, in die Kissen gelegt, nickt.

„Mein Mann, der hatte einen Ofensetzerbetrieb, in Zerbst. Handwerker in der DDR, das war nicht einfach. Gar nicht einfach war das, selbständiger Handwerker, gar nicht gar, nicht einfach. Ich war die Buchhaltung, echter Familienbetrieb. Aber, die VEBs, die haben die Rechnungen bezahlt, alle Rechnungen haben die bezahlt.

Dann war Wende, und war ja auch gut. Weil wir *ein* Deutschland sind, wollen wir ja gar nicht anders haben. Aber dann kamen eure Leute. Eure Versicherungsmakler, eure Bankleute, eure Vertreter für diesen und jenen Unsinn. Haben erst mal gerümpft, ob wir überhaupt was von Arbeiten verstünden. Und dann rückten sie mit Verträgen raus, mit lauter Zeugs, was wir doch gar nicht kannten. Und so englischen Klauseln und was nicht alles. Erwin, nick mal!"

Und Erwin nickt wieder, durchaus dankbar, dass Elfriede erzählt.

„Schließlich aber kam's an Bezahlen, eigentlich. Aber hatten tausend Ausreden, die neuen Betriebsleiter oder Gesellschaften oder was das war. Nö, der Auftrag sei nicht so gemeint gewesen. Hätten wir falsch verstanden. So einen altmodischen Ofen – einen *echten* Industrieofen, das sage ich Ihnen, da sagten die altmodisch zu, die Bengels –, so einen altmodischen Ofen, den bräuchten sie nicht. Und so weiter und so weiter. Haben sich in 'n Konkurs geschmissen, und dann einen Ort weiter gleich weitergemacht, wär 'n Tipp gewesen von so einem Bankfritzen. Und wir? Schulden über Schulden! Alles Wessi-Schulden, alles Wessi-Schulden!

Und jetzt ist der Erwin so krank. Weil er das nicht aushält, immer arbeiten, und jetzt von den Schulden nicht wegkommen. Das hat ihm den Magen ruiniert. Erwin, nick noch mal!"

Erwin ist dabei, einzuschlafen. Aber er nickt noch einmal, blinzelt, streckt mir überraschend freundlich die Hand hin. Auch Elfriede streckt mir sehr höflich die Hand hin, dankt für den Besuch, sagt ein deutliches „Amen" auf meinen Segenswunsch hin.

Was soll man, besser: was soll ich da sagen, bei Erwin und Elfriede? Wen soll ich verteidigen, wen verstehen, was könnte ich ausgleichen?

Mittwoch 26.Juli 2017

In der Geriatrie, Herr A.:

Kirche! Das sei ja die letzte Scheiße! Da sei er raus, schon Fünfzig sei er da raus.

Als die olle Biene vom Gemeindeamt von ihm Kohle wollte. Kirchensteuernachzahlung! Und er sei gerade zurück gewesen aus Russischer Kriegsgefangenschaft. „Kirche!? Alles großer Mist! Hören Sie mir auf, mich kriegen Sie nicht! Ist doch eh alles Märchen."

„Gut, mein Herr, dann kann ich jetzt zum Nachbarpatienten weiter."

Während ich mit jenem ins Gespräch komme, grummelt es im Nebenbett vernehmlich weiter. Schließlich nimmt jener Herr A. seine ganze Kraft zusammen und zupft mich am Hemdsärmel, von der Seite:

„Herr Pfarrer, ich *kann* nicht glauben! Wegen dem Krieg kann ich nicht glauben! Wir hatten doch auf der Koppel dieses verdammte ‚Gott mit uns'. Das war aber Verarsche. Weil die alle neben mir verreckt sind. Alle Kameraden, der Fritze, der gerade Vater geworden war. Der Klaus, der eigentlich zu den Fliegern wollte.

Seh' ich alle vor mir, alle! Wo war da Gott, in diesem Scheißkrieg? Wo war der da?"

Ja, wo wer der da? Diese Frage kann ich nur wiederholen. Und unbeantwortet (und unbeantwortbar?) buchstäblich „nach oben" leiten.

Herrn A. gewinne ich mit diesem seinem Ausbruch sofort lieb. Entsprechend herzlich winken wir uns beim Abschied sehr lange noch zu. Ich stehe in der Tür; Herr A. liegt in seinem Bett. Unsere Lebenserfahrungen sind fundamental andere. Ich habe keinen Fritze und Klaus neben mir verrecken sehen. Doch wir, Herr A. und ich, wir winken uns zu.

Hinterm Kirchhof kamen die Gefangenen lang

Montag 16. Oktober 2017

In der Orthopädischen Station, Herr G.:

„Hinterm Kirchhof kam‘n dann die Gefang‘nen lang. Oma hatt noch ‘n Eimer mit Wasser hinjestellt. Hat aber gleech eener umjestoß‘n, so’n Wachtmann. Un dann hadder druffgeballert uff een‘n, der wo jestürzt war. Batsch, hing det Jehirn an‘r Kirchhofmauer.

Hint’n, bei der Brombeerhecke nach Woltersdorf noch zwee. Hab’n wer jehört, die Schüsse, womm … noch e‘mal: womm. Sin‘ dann die Hunde ran, die Taare danach. Mit mei‘n Bruder Erwin bin ich hinjejangn, nur noch de Schuh jesehn und so wat wie de Reste von n’ Leib.

Kann ick nich‘ verjess‘n nich. Immer abn’s und immer, wenn ick krank so daliech, immer dann muss ick dran denk’n. Habn se mir übrijens lang gar nich‘ gegloobt nich‘, selbs‘ bei uns im Dorf. War doch Kriech, hattet et jehees‘n.

Un‘ später, so mi’m Antifaschismus, selbs‘ da. Irnswie passten die nich‘ ins Bild nich‘, versteh‘ ick bis heute nich‘.

Hab' später mal wat jehört, aber viel, viel später ers', wär'n ungarische Jud'n jewes'n, uff Zwangsarbeit in Zerbst, gloob ick. So viel Laarer gab et doch, hattste keen Durchblick nich'.

Aber wenn ick hier so liejen tu, dann seh' ick det: Die Kolonne, die Jesichter, wo de jar nüchsts mehr konnst erkenn'n. Der Eimer von der Oma, die Schüsse und det Jehirn an d'r Kirchhofmauer. Wie det so is': Nach'm Kriech ham wer Scherze mit jemacht und jesacht:

Wir nehm de Abkürzung nach de Birnbäume, da ‚am Jehirn' vorbei. Schäm ick mir manchmal jetze, aber ick war ja jrad mal zwölfe, als det passierte."

Natürlich muss der gute Herr G., Landwirt, Traktorist, später Reifenhändler, natürlich muss nicht er sich schämen, wie ich ihm deutlich sage. Schämen müssen sich ganz andere, Schießende, Befehlende, Erziehende, Verwaltende, Listenschreibende ... Aber diese meine Antworten spielen keine spürbare Rolle für ihn. Mein Ohr vermutlich, mein Ohr und Herz vermutlich schon.

Dienstag 17. Oktober 2017

„Die Oma ist im Bett verbrannt."

So werde ich in der Geriatrie begrüßt von einer wahrlich reizenden, alten Dame, Frau von B.:

„Die Oma ist im Bett verbrannt. 16 Januar 1945, 21 Uhr 45. Da ist die Oma im Bett verbrannt, weiß ich genau. Beim Großen Angriff auf Magdeburg, in der Hohepfortestraße 27, beim alten Möbelhaus Jungwirth gegenüber, erste Treppe links. Sagte die Mutti immer und weinte. Und der Vati, den hat sie doch gar nicht erkannt. Der stand im Herbst, am 14. November 1945 um halb acht am Abend, da stand der in der Tür, oder besser: der klopfte an die Bohlen am Verschlag, in Sudenburg an der alten Zuckerfabrik. Zwei Krücken und ein halbes Bein noch, das war der Vati. Und starb ein Jahr später da im Verschlag an der alten Zuckerfabrik, am 17. November 1946, mittags um halb eins. So, jetzt kennen Sie mein Leben, Herr Pfarrer."

Ich will gerade – eher plump - mich nach den anderen 71 Jahren ihres Lebens erkundigen. Aber, so wird mir schlagartig klar, das waren sie bereits, die anderen 71 Jahre, als Nachklang eben der ersten elf Jahre …

Und die reizende Dame, Frau von B. ist allemal charmant und gebildet und vollkommen un-bitter. Ist sie „post-traumatisch"? Ja, würde ich sagen, sicher, ist sie „post-traumatisch". Aber, ach: „meta-trans-supra-post-klar, traumatisch", was wissen wir eigentlich?

Mittwoch 18. Oktober 2017

„Gott, bin ich dem Herrjott dankbar!"

Der etwa vierzigjährige Herr V. auf der chirurgischen Station bohrt seine krückenden Gehhilfen in den Boden hinein.

„Binnnn ich dankbar!! Wäre beinahe draufjegang'n, hab' mich jrad noch rechtzeitig jemeld't bei euch in der Notaufnahme, janzer Bauch vereitert, Blinddarm plus. Jewallltig plus. Jetze ist allet wieder chic. We'en dem Herrjott."

Der Schrank von Mann bohrt seine krückenden Gehhilfen in den Boden, als ob er nach Gold schürfen würde.

„Bin ich dankbar! Ja, erste Mal krank im Leben. Un' sons allet chic im Leben. Meene Partnerin und meene Kleene, die jetze selber jrad schwanger jeht. Allet chic. Und super, super Job, Herr Pfarrer! Ick fahr' Brötchen aus! Morjens um halbe dreie steh' ick uff'm Hof. Und dann alle Filialen, alle. Vormittags ooch noch de Kuchentour. Immer uff'm Bock und 'n Liedchen. Schlechte Laune kenn' ick nich'. All de Kollejinnen, immer 'n Hallo; voll der Zusammenhalt, ooch mit de' Kollejen an der Backstraße. Die Nachtarbeiter, die ham jern ihre Ruhe da draußen, haun rein, wat dat Zeuch hält.

Un' so läuft dat doch allet. Wie wir dat alle jut ham, det musste dir mal wieder klar machen.

Is' mir sonste ein'tlich ooch klar. Aber jetze hier im Bette hat dat reichlich noch mal zujenommen, det mit de' Klarheit, gloob ma, Pfarra."

Als ich ihm – fast pfeifend – erzähle, dass ich beim nächsten wochenendlichen Brötchenkauf an ihn denken werde, fängt er tatsächlich an aufzuschluchzen.

„Jut, Pfarra, det mach ma, un lech mal 'n Wort ein bei die'm Herrjott … ach, niche mal für mich, mal für die, die wo hier am arbeiten sind im Krangenhaus … un' für die Mandy in Ottersleben, die hattet jrad schwer zu Haus. Der tu ick saaren, dat 'n Pfarra für die beten tut."

Montag 24. Oktober 2017

„Die ganzen straffälligen Ausländer, die sollten sie mal rausschmeißen! Sind die viel zu lax hier! Viel zu viele, die wo sich hier nur durchfressen!"

Herr B. packt ziemlich gleich mal seinen ideologischen Schrank aus, voller dramatisierender Verschwörungstheorien und Fake news.

„Aber …"

„Nö…."

Nö – heute habe ich mal keine Lust auf Ohrhinhalten.

„Ach, wissen Sie", reiten mich Schalk und Teufel und wer weiß welcher Heiliger:

„Wissen Sie, wenn das so weiter geht in Deutschland mit dem rechten Zeug, dann wandere ich aus nach Holland."

„Holland!!?! Sie kennen Holland?!"

Sankt Teufelschalk reitet mich weiter und ich brabbele drei Sätze, die mehr holländisch klingen als sie in Wahrheit sind. Darauf er:

„Holland!! Das ist mein Glück gewesen! Da war ich im Tunnelbau, neue Autobahn nördlich von Amsterdam, Super Leute alle, voller Zusammenhalt, viele Länder, viele Sprachen, und super Truppe."

„Na", frage ich mit Sankt Teufelschalk weiter: „Da sind doch auch reichlich Holländer mit marokkanischen Eltern und sogar Rabenschwarze, aus den Antillen, oder?"

„Super, der Wim, mit dem bin ich Fußballspielen gegangen, sah aus wie Frank Rijkaard, toller Kerl, alle Frauen sind auf dem gestanden, echt, voll rassig dunkel, klasse Kerl, der Wim!"

Der Pfarrer: „?"

„Na klar, und über den Wim habe ich die Thaelock kennengelernt, Thailänderin. War ich mehrere Jahre da unten und mit der zusammen. So was von feinen Menschen! Die haben mir total nachgesehen, dass ich kaum Thai verstand, waren super freundlich, mit Händen und Füßen. Haben wir den neuen Fernsehturm gebaut bei Bangkok, super Leute alles."

Pfarrer (jetzt ziemlich bauklötzig): „?"

„Glauben Sie nicht, Herr Pfarrer? Können Sie aber, ich spreche die Wahrheit. Man kommt überall klar – also, ich bin überall klar gekommen. Man darf doch nicht nur auf der eigenen Scholle kleben, man muss mal sein Glück suchen. Fliegt man bei auf die Schnauze zwischendurch, meine Nieren sind jetzt im Arsch, aber egal, weitermachen."

Wir reichen uns die Hand mit Schlag und „Tot ziens", und er ruft noch drei „Tot straks" hinterher, winkt mich regelrecht fröhlich zur Tür.

Vor der Tür denke ich:

Nun gut, hätte ich den kundenfreundlichen Pfarrer gegeben, hätte ich mich mit formalem Grinsen nach den ersten Ausfällen von Herrn B. aus dem Staub gemacht. Hätte ich den lehrreichen Pfarrer gegeben, hätte ich mit ihm diskutiert, naja: Sätze mit ihm ausgetauscht, die wir beide uns hätten sparen können. Und vor der Tür hätte ich in meinen nicht vorhandenen Bart genuschelt: Du A…

Dank Sankt Teufelschalk werden vermutlich mehrere migrationspolitische Debatten zwischen Herrn B. und mir noch mehr als offen stehen. Aber ich ahne: ein Mensch mit einem respektablen Leben. Und mit weitaus mehr Grau als Schwarzweiß. Ein toller Kerl eigentlich, so gar nicht unsympathisch …

Mittwoch 26. Oktober 2017

Frau G. im Hospiz stirbt, viel zu jung. Reden will sie auch nicht mehr, trinkt ihr Likörchen, genießt die allerletzten

Sonnenstunden auf der Terrasse. Ihre Schwester soll von ihr erzählen, winkt sie ihr zu.

Dass sie Hauswirtschafterin sei (Frau G. murmelt sehr deutlich ihre Zustimmung zu jeder der schwesterlichen Ausführungen), dass sie alles überall gemacht hätte, die Ehe wäre leider nach einigen Jahren in die Brüche, die Kinder wären auch irgendwo, würden höchstens mal kurze Grüße zu Weihnachten und zum Geburtstag in den Briefkasten werfen, würde man ja kennen, so was.

Frau G. zieht den Rauch bis in die allerinnerste Bronchialverzweigung. Schraubend zieht sie, so wie man mit Geschicklichkeit und Kraft zugleich ein großes Einweckglas Birnen öffnet, dabei gleichzeitig die Luft anhält und herauslässt.

Schon als Kind sei sie anders gewesen, aber immer lieb, immer lieb zu ihr und der anderen Schwester. Sie sei ja die Älteste, die Frau G.

Die nippt zittrig am Likörgläschen, schleckt sich die Oberlippe, als ob reiner Goldsaft drauf wär, atmet wohligst auf.

Ja, anders, immer so Interesse an Sternen und Sonnensystemen.

Frau G. nickt heftig, schnalzt sich den Filter in die Lippen.

Ja, Sterne und Sonnensysteme.

Frau G. zeigt zittrig, aber mit erstaunlich großräumiger Geste zum Himmel.

Ja, zum Himmel, schmunzelt die Schwester, da gingen immer Deine Gedanken. Bist immer bodenständig gewesen und zugleich 'ne Himmelsforscherin, auch immer mehr so 'ne – was sagt man jetzt, na so Immaterielle, nicht Materialistische.

Frau G. nickt heftig und schaut ihre Schwester sehr, sehr liebevoll an, knufft sie leicht an die Schulter. Und so sitzen wir für diesen Himmelsbodenmoment auf der Hospizterrasse. Rauch steigt auf, die Sonne spielt an den Rändern der Wolken. Ist dies das – wie heißt es? Das Immaterielle, mitten hier in der Materie?

Vom Fußende aus

Donnerstag 28. Dezember 2017

Augen leuchten, eine schlanke Hand streckt sich mir entgegen. Ich werde willkommen geheißen, möge doch Platz nehmen.

Noch während ich mich ans Fußende setze, wo ein Stuhl wartet, fallen die Augen zu. Ein Schleier fällt von oben her, bis auf die Wangen hinunter.

Nach sehr langen Sekunden erfolgt ein Atemzug. Mehrere solch langer Atemzüge weiter greift die schlafende Hand zum Spuckschlauch. Der Schlauch wird ganz langsam zum Kopf gezogen. Ein Hüsteln.

Wieder ein Atemzug; das Gesicht sieht jetzt gänzlich mädchenhaft aus. Das Schlüsselbein liegt bloß, bis zur rechten Schulter; darunter gehen, jeweils nach langen Pausen, diese, wie mag man sie nennen?, diese schiffs-schaukelnden Atemzüge.

Ich sitze auf dem Fußende-Stuhl, schaue lange zu Frau G. Schließlich hebe ich meinen Blick, schaue mich im Zimmer um. Da stehen Fotos von Kindern. Vermutlich den eigenen leiblichen. Sie sind noch klein. Oder sind es die Enkel? Das Gesicht von Frau G. hat den Zustand von Zeitlosigkeit erreicht. Schmerz und Friede wechseln sich dort ab, so wie heute draußen die Sonne mit den Wolken. Der Tag geht stürmisch; die Fensterscheibe vibriert leicht.

Auf dem Nachtschrank die lippenbefeuchtenden Stäbchen. In Reih und Glied getunkt im Wasserglas. Daneben eine modische Armbanduhr mit schillerndem Band. Tickt sie?

Merkt Frau G., dass ich da bin, hier in der Palliativstation? Und: Sollte ich jetzt still beten? Aber: Wie geht das denn, beten?

Gut, ja, es geht. Immer?

Nein, nicht immer. Schon gar nicht von selbst.

Beim – stillen – Beten kommt der Lippen-Befeuchter in meinen Blick. Und jetzt wieder, jener schiffs-schaukelnde Atemzug von Frau G. Schließlich – und dabei gerate ich aus dem Rhythmus: die Kinderbilder. Eines der Kinder hält einen Ball hoch. Ein Mädchen von vielleicht sieben Jahren.

Nach einer gefühlten halben Stunde – vermutlich waren es kaum mehr als fünf Minuten – schlägt Frau G. die Augen auf. Sie schaut sich um, der Schleier entschwindet. Sie lächelt, aber nicht angeknipst, nein: sie lächelt.

Sie sei zu müde zum Reden, stößt sie mühsam hervor.

Ich nicke, sage, dass das mehr als in Ordnung sei.

Aber da sind die Schleier schon wieder vorgezogen.

Was sollen jetzt auch Worte? Ich erhebe mich vom Fußende-Stuhl.

Als ich aufrecht stehe, atme ich durch, sehr lange – und verneige mich. Danach gehe ich, halte länger als sonst die Hand um die Klinke.

Draußen auf dem Flur lachen welche. Lachen.

Warum nicht, ich atme noch einmal durch, warum denn auch nicht – Lachen?

Freitag 29.Dezember 2017

Solch eine freundliche Schmerzpatientin, in der Orthopädischen Klinik!

Gut geht es ihr nicht, offensichtlich. Aber sie könnte zu jenen DDR-Frauen gehören, die vor 40 Jahren von der wunderbaren Maxie Wander befragt wurden zum Frau-Sein, was zu dem berühmten Buch : „Guten Morgen, Du Schöne" geführt hat – ein Buch für Frauen und durchaus auch für Männer, im Osten und durchaus auch im Westen, schon 1977 mit östlich wie westlich durchschlagendem Erfolg.

„Gejammert wird nicht!", lautet die Parole von Frau N. Es kommt ja immer darauf an, wie diese Parole vorgebracht wird, ob als allgemeines Emotionsverbot, als narzisstisches „Ich-bin-immer-stark"-Schild oder denn – wie bei Frau N. – als Ausweis einer Lebenshaltung, die gelernt hat, von sich abzusehen und zugleich ehrlich und vollständig sich selber einzubringen und zu riskieren.

Natürlich ist alles Mist, ein halbes Jahr Krankenhäuser, auch der Mann krank.

Aber dann wird von den Feiern des Lebens erzählt: die sehr frühen Geburten der Kinder, die pfiffigen Enkel und Kasimir, der Urenkel, der sie alle toppt und mit seinem herrlich wüsten Leben von drei Jahren das Ziel ist: „Wenn ich den wieder drücke am Wochenende, dann habe ich alles andere vergessen."

Frau N. hat Spaß gehabt im Leben. Ihre Familie habe für Feiern gestanden, in ihrem Dorf hinter Loburg, gottverlassenes Dorf, aber Quatsch mit „gottverlassen", pralles Leben sei überall. „Das können Sie mal glauben!"

Die Schwester sei im Kirchenchor, das gebe der viel, und diese Schwester sei eigentlich genau wie sie, so ein Wiesel und Wusel.

„Nur ich bin nicht mehr in der Kirche, schon lange. Spende aber immer für's Kirchdach. Und solange ich noch konnte, hab' ich unseren Friedhof im Dorf in Schuss gehalten, glauben Sie mal!"

Natürlich glaube ich.

Sie strahlt. Friedhof, Kinderkrippe, Kuhstall, Schafstall, Einkaufsladen, natürlich die eigene Familie, alles geht ineinander über. Überall gab es etwas zu tun, ein langes langes Leben lang. „Gejammert wird nicht!"

Der Mann sei auch so, hätte alles angepackt, auch nach der Wende. Vor der Wende sei vieles gut gewesen, nachher aber auch. Solle man jetzt mal nicht so tun, das würde sie jetzt öfter aufregen, das manche nur noch schwarz malen würden für heute. Mit den Ausländern habe sie es allerdings nicht so, sollten erst mal die Deutschen Arbeit bekommen, so wie ihr Neffe, der sei behindert, der sei jetzt mal dran. (Lass doch endlich mal die mit den rechten Parolen alle hässlich sein, lieber Gott, und „die Guten" lass einfach nur rundrum gut sein …)

„Gejammert wird nicht"; Frau N. geht aber jetzt beim Erzählen nicht zu Höcke, sondern auf den Friedhof. Was ihr echt Last bereite: dass sie nicht mehr alles könne, so wie früher, als sie für die Gemeinde alle Wege dort gehegt und geharkt habe, die Pumpe geölt am Brunnen, die Grabsteine gereinigt von denen, die nur noch weitläufige Verwandte im Westen haben.

Und dass ihr lieber Mann, der immer und immer gearbeitet habe, dass der jetzt manchmal so anders sei. Aber von der Krankheit, nicht vom Wesen, nicht von seiner Liebe her.

Sie bekommt feuchte Augen. Sie niest, schneuzt sich, niest noch einmal, atmet tief stoßend durch.

Und einer der Enkel, der sei jetzt bei den Johannitern. Leicht autistisch sei der ja, schon als Kind, immer so ein Sorgenkind gewesen. Aber der könne heute alles sehen, auch die furchtbarsten Unfälle. Der wäre immer da, auch für sie und ihren Mann, ganz still und selbstverständlich wäre der da.

„Gejammert wird nicht". Frau N. richtet sich ganz gerade auf:

„Herr Pastor, Sie müssen weiter. Sie kommen ja sonst nicht rum. Und wo packen Sie das eigentlich hin, was Sie da alles hören den ganzen Tag lang?"

Sie streckt mir beide Hände entgegen, zeigt mir zum Abschied noch ein Foto von ihrer Kirchenchor-Schwester und ihrem Johanniter-Enkel, fällt dann wieder in die Kissen, stoßseufzend.

„Gejammert wird nicht".

Frau N. lacht schon wieder und winkt.

Sonntag 31. Dezember 2017

Nun lasst uns gehn und treten
Mit Singen und mit Beten
Zum Herrn der unserm Leben
Bis hierher Kraft gegeben.

Wir gehen dahin und wandern
Von einem Jahr zum andern
Wir leben und gedeihen
Vom alten bis zum neuen.

Abendmahlsgottesdienst im Elisabethzimmer von Haus Mechthild, im großen Stuhlkreis, in der Mitte der Tisch mit Kreuz, Kerzen, Brot und Wein. An den Wänden hängen Gemälde und Fotos vormaliger Vorsteher und vormaliger Oberinnen, aus Magdeburg und noch aus Breslau. Gottesdienstgemeinden, wie es sie in absehbarer Zeit nicht mehr geben wird. Aber gegeben hat. Und durchaus noch gibt. Und – mal sehen, welche Saat Zukunft genau hier gesät wird.

Vom alten bis zum neuen. So wird natürlich auch Paul Gerhardts großer Choral heute gesungen, im Elisabethzimmer. Und die Stimmung ist mit keinem Gran depressiv oder vorgestrig.

Mittwoch 3. Januar 2018

Herr R. auf der Intensivstation in Lostau findet alles Scheiße. Auch den Besuch eines Seelsorgers. An seinem Bett sitzt seine Frau, eine stille freundliche Dame.

Herr R. aber ist auf Krawall gebürstet. Die Diagnosen sind eine einzige Kränkung. Handballer, ein ganzer Kerl. Ein Ingenieur, dem nichts zu schwer.

Und der kleine Sohn? Soll der jetzt einen Krüppel haben als Vater?

Die Ärzte würden ihren Job hier gut machen, die Schwestern auch.

Aber sie sollten ihm nicht kommen. Auch nicht mit – was ich sei? Seelen-Sorger?

„Himmel, sagen Sie Ihrem obersten Chef mal, er sei ein Arschloch."

Mit zornigem Zeigefinger sticht Herr R. Richtung Decke und Himmel, mehrfach, kernbohrend. Einen solch vitalen Aggressionsausbruch, laut und tösend, habe ich schon länger nicht mehr erlebt, von einem schwer erkrankten Menschen. Mir entfährt ein hilfloses „Ja ja … " aus dem Mund.

„Ja ja heißt leck mich am Arsch", blafft mich Herr R. an.

„Nein", steige jetzt ich in die Eisen, „nein, gar nicht: leck mich am Arsch. Ich weiß selber nicht mehr weiter, Herr R. Mich berührt das, ihre Diagnose. Und ich bin selber sauer auf den lieben Gott, dass er jemand wie Sie so schweinisch leiden lässt."

„Genau, genau", ruft Herr R, „ Und jetzt hau ab, Pfarrer!"

„Schon recht, Herr R, aber die Hand drück' ich Ihnen noch, weil ich Sie sympathisch finde. Und Ihre Frau auch; Sie beiden sind nämlich ein liebendes Paar. Und auch deshalb tut das alles so weh."

Ich sage das alles mit reichlich belegter Stimme.

Es reicht zum Knöchelgruß. Immerhin.

Und zum Handschlag mit der Frau. Immerhin.

Zu meiner reichlichen Verwunderung ruft Herr R. noch einmal: „Genau, genau", als ich die Türklinke drücke.

Donnerstag 4. Januar 2018

Wie Maria und Josef sitzen sie da, im Kinderhospiz.

Er steht hinter ihr, beide ein Kind auf dem Arm, beide ein krankes Kind, ein schwerkrankes Kind.

Armenische Christen, Mitglieder einer der ältesten Kirchen der Welt, mehr als ein Jahrtausend vor Luther. Ihre Kinder möge ich segnen. Sie seien krank, würden sich über Segen freuen.

Das mache ich denn, lege ihnen ganz unvermittelt die Hand auf die Stirnen und rufe: „Gelobt sei Jesus Christus!" und: „Friede mit Dir!"

Ansonsten ist keinerlei psychologisch-therapeutisch-systemische Exploration qualitätsgesicherter und evidenzbasierter Signifikatoren von Nöten.

„Gelobt sei Jesus Christus." Manchmal reicht das. Und nicht nur für diese eine Familie, die zwischen Sibirien und Michigan und Dessau und Jerewan zu Hause ist. Manchmal geht ein solcher Segen gleich auf ein ganzes Haus über.

Wie bei Maria und Josef.

Statt eines Nachwortes

Jeden Tag Pastoralvisite. Jeden Tag alle Stationen des Krankenhauses, das Hospiz und das Kinderhospiz. Donnerstags Lungenklinik Lostau. Allesamt Einrichtungen der Pfeifferschen Stiftungen bei Magdeburg. Freitags (wieder) eine Stunde in den Wohngruppen der Behindertenhilfe auf dem Cracauer Campus. Zwischendurch die Ethikarbeit der Stiftungen.

Man kann Seelsorge durchaus und mit bestem Grund auch anders betreiben.

Ich selber halte es mit der Pastoralvisite, seit nunmehr 20 Jahren, erst in Düsseldorf Kaiserswerth, dann bei Pfeiffer in Magdeburg. Also: Jeden Tag Besuch bei erkrankten Menschen – und zugleich ein Rundgang in einem diakonischen Unternehmen, als Pfarrer und Seelsorger.

Jeden Tag feine kurze Kontakte mit Mitarbeitenden, welche ich pauschal als Kolleginnen und Kollege bezeichne und erlebe. (Bloß nicht als Pfarrer und Seelsorger als „der für die Menschlichkeit“ oder „der für Zeit-haben“ auftreten. Entweder alle oder keiner, für die Menschlichkeit und für die Zeit.)

Jeden Tag aber vor allem Besuche in Krankenzimmern, fast alle unangemeldet und unangefordert. Das heißt: Weder die Konfession noch die Diagnose löst den Besuch des Pfarrers aus. Nur die reine Tatsache, dass Frau P. und Herr M. gerade im Moment Patientin oder Patient oder Hospizgast sind.

Die technischen Medien der Pastoralvisite beschränken sich auf das Namenschild mit Firmenlogo und auf eine Visitenkarte, auf deren papp-stabile Rückseite ich jene Zimmernummern notiert habe, bei denen ich mir vorgenommen habe, dort die Tür zu öffnen (um ja nicht jeden Tag ins selbe Zimmer hereinzufallen; das würde irritieren).

Dieser Rundgang der Pastoralvisite erfordert höchste Konzentration, weil in recht kurzer Zeit sehr viele Kontakte, Emotionen, Informationen, Gerüche, Geräusche, Projektionen, Gesichter, Gegenprojektionen auftauchen.

Dieser Rundgang macht zugleich demütig, weil sehr offenkundig allein *Gott Heiliger Geist* weiß, wen ich heute treffen soll und wen nicht.

Schließlich: Dieser Rundgang gleicht auch einer Inszenierung; er hat mit „Theater" weit mehr zu tun als mit Therapie. Denn es verhält sich mit der Seelsorge à la Pastoralvisite so wie mit Schillers klassischer Spieltheorie: Nur das Zweckfreie macht frei. Jegliche Aufträge verpuffen. „Man sieht die Absicht – und ist verstimmt". Klassischer Tucholsky. Weder Mission noch innerfamiliäre noch innerklinische noch kirchenleitende Aufträge an Seelsorge wollen gelingen. Ich vermute, dass dies mit dem eingeborenen eingefleischten Freiheitsdrang der Seele zu tun hat.

Seel-Sorge schaut – wenn sie gelingt – in die ganz persönliche Seele. Und zugleich entsteht im Verlauf der Jahre ein Panorama, ein Panoptikum. Es spielen, nach meiner persönlichen Erfahrung, die historischen, sozialen und politischen Großthemen in der Seelsorge eine genauso kardinale Rolle wie die die Begegnungen primär prägenden emotionalen Themen. Gewiss, es geht fast immer um Angst und Freude und Dankbarkeit und Verzweiflung und Wut und Liebe. Oft genug erschütternd und beschämend intim – jener Ur-Kredit, den die Kirche und die Religion nach wie vor bei viel mehr Menschen haben, als manche Kirchenleitenden zu hoffen wagen.

Doch alle Seelsorge geschieht nicht luftleer, so wie Israel und Jesus ja auch nie luftleer waren, sondern voller Feigenduft, Stallmist und Golgatha-Schrei.

Seelsorge heute, 2018, ist daher, so wie ich sie erlebe, geprägt vom Großen Krieg und vom Großen Zivilisationsbruch (durch Faschismus, Stalinismus, Shoah), die alle intergenerationell ganz erheblich weiterwirken. Und Seelsorge heute ist geprägt vom Kalten Krieg und von der Wende. Seelsorge hat somit eine hochgradig politische Aufgabe, weil sie einer der Königswege darstellt, jene Geschichten zu heben, zu achten, zu sortieren, die Menschen erlebt und geprägt haben – als Opfer zugleich wie als Täterinnen und Täter. Was wiederum so gar nicht egalisierend gemeint ist, weil im Geist der Heiligen Schrift immer auch „recht bleibt, was recht ist."

Seelsorge ist harte Arbeit und kann erschöpfen. Zugleich ist sie, mit dem alten Choral gesagt, wahrlich und leibhaftig „ein Brunnen ew'ger Freuden".

Feigenduft Stallgeruch Golgatha-Geschrei Bombenhagel Güterwagen Friseursalons Manöverplätze Geknutsche Bundesliga-Abstiege Weihnachtskräche Treueschwüre Mauerfall Schornsteinsprengungen Weihnachtsbaumverkäufe Muttertage Befreiungstage Kreuzfahrten Kackwindeln Sargnägel Steuerprüfungen Freudentränen Liebeserklärungen.

Ein Tag in der Seelsorge. Halleluja!

ZEITGESCHICHTE IN DEN VERLAGEN JOH. MAYER UND INFO3

Gottfried Richter

Briefe an Schnupper

Mit einem Geleitwort von Martin Merckens

„Schnupper" – das ist Beate, Tochter des Autors, der als Priester der Christengemeinschaft und Soldat 1943/44 in nächtlichen Kampfpausen zur Vorbereitung der Konfirmation Briefe an sein Kind schrieb. Ausschließlicher Inhalt der Briefe ist eine kindgemäße Erzählung der Evangelien und Psalmen, die gleichwohl an spiritueller Tiefe nichts missen lässt. Die Briefe an „Schnupper" gehörten zu den wenigen Habseligkeiten, die 1945 auf der Flucht von Breslau in den Westen in einem kleinen Kinderkoffer mitgenommen werden konnten. Sie sind ein bewegendes Zeitzeugnis und strahlen in der imaginativen Sprache Richters ungemindert bis heute eine Innigkeit und Klarheit aus, die ebenso zeitlos ist wie ihr Inhalt.

Gottfried Richter (1901-1980) verlebte seine Kindheit in Oberschlesien. 1919-24 Studium der Kunstgeschichte in Breslau, Heidelberg und Jena; 1921 Begegnung mit der Anthroposophie; 1926-27 Priesterseminar in Stuttgart, danach Pfarrer in Breslau bis 1939 – ab dann Soldat bis 1945. Nach Kriegsende 35 Jahre Tätigkeit als Pfarrer in der von ihm errichteten Kirche in Ulm.

Renate Riemeck

Rosalia und ihre Nachfahren

Ostdeutsche Vergangenheit in Lebensbildern

Geschichte und Geschichten: Es sind die Lebenszusammenhänge, die die Historie lebendig machen. Über drei Generationen verfolgt die bekannte Historikerin, wie ihre Vorfahren lebten, wirkten und litten. Von der Revolution von 1848, über die Reichsgründung, die Zeit Bismarcks und Kaiser Wilhelms II., über die Großen Weltkriege bis zur Gründung der Bundesrepublik verflicht die Autorin auf der Grundlage von Dokumenten und mündlicher Überlieferung Einzelschicksal und Zeitgeschehen zu einem lebendigen Bild.

„Ein ganzes Jahrhundert verlustreicher deutscher Geschichte steht im Hintergrund der Geschichte von Rosalia und ihren Kindern."

Renate Riemeck, geboren 1920 in Breslau, Studium der Geschichte, Germanistik und Kunstgeschichte in Jena und München. 1943 Dissertation über „Spätmittelalterliche Ketzerbewegungen", Berufung in die Lehrerbildung: als Dozentin an der Pädagogischen Hochschule in Oldenburg i.O., als Professorin an der Kant-Hochschule Braunschweig, dem Pädagogischen Institut Weilburg, der Pädagogischen Hochschule Wuppertal, Lehrauftrag an der Universität Marburg. Über viele Jahre als Publizistin und freie Schriftstellerin tätig, Veröffentlichungen in verschiedenen Verlagen. Politisches Engagement unter anderem Mitbegründerin der „Deutschen Friedensunion", Mitarbeit in der „Prager Christlichen Friedenskonferenz".

1. Auflage 1997, 144 Seiten, Gebunden, 16 Abbildungen
ISBN 978-3-932386-03-9, € 7,90

Ella Fonjakova

Das Brot jener Jahre

Ein Kind erlebt die Leningrader Blockade

Aus dem Russischen von Sophia Klöpzig.
Einführung und historischer Überblick von Heidelore Kluge.

„Das Brot jener Jahre" sind die Kindheitserinnerungen der Autorin an die Blockade Leningrads im Zweiten Weltkrieg. Während der 900 Tage andauernden Belagerung, vor allem im Winter 1941/42, starben in Leningrad mehr Menschen als je zuvor in einer modernen Stadt. Sie starben an Hunger. Ella Fonjakova schildert den verzweifelten alltäglichen Kampf um das Überleben. Ihre Zeugnisse sind detailliert, weithin einzigartig und mithin von historischer Bedeutung. Was das tägliche Brot vor allem im ersten Blockadewinter bedeutete, erfährt der Leser hautnah, aber auch dies: Dimitri Schostakowitsch komponierte für die Eingeschlossenen seine große Siebte – die „Leningrader Symphonie". Auch das war Nahrung.

„Dieses Bekenntnisbuch zu lesen, würgt den deutschen Leser immer noch in der Kehle." Rupert Neudeck

Ella Fonjakova, geboren 1934 in Leningrad. Die Mutter war Musikwissenschaftlerin am Institut für Theater und Musik, der Vater Rezitator und Schauspieler. Nach dem Studium der Journalistik an der Leningrader Universität lebte und arbeitete die Autorin viele Jahre gemeinsam mit ihrem Mann in Novosibirsk – dem Zentrum Westsibiriens. Sie veröffentlichte Beiträge, Essays, Erzählungen und Theaterstücke, die immer wieder aufgeführt und gesendet wurden. Seit 1974 lebt sie wieder in ihrer Heimatstadt, dem heutigen St. Petersburg. Die Autorin, die auch als Malerin arbeitet, hat ihre Arbeiten in über 30 Ausstellungen in Russland und im Ausland vorgestellt.

1. Auflage 2000, 216 Seiten, Gebunden
ISBN 978-3-932386-31-2, € 9,80

Robert O. Fisch

Licht vom Gelben Stern

Funken der Menschlichkeit in der Zeit des Holocaust

Aus dem Gesamtwerk von Robert O. Fisch für das Karl König Institut zusammengestellt und herausgegeben von Anne Weise

Der ungarische Jude Robert Fisch wurde als 19-Jähriger von den Nazis deportiert, er überlebte die Konzentrationslager Mauthausen und Gunskirchen und einen Todesmarsch. Nach seiner Befreiung entschied er sich, dass in seinem Gedenken trotz des erlebten Grauens nicht der Hass, sondern die Liebe das letzte Wort behalten soll. In den USA wirkt der Arzt und Maler seither für Toleranz und Mitmenschlichkeit.

„Die wichtigste Lehre, die ich in meinem Leben bekommen habe, ist diese: Dass wir immer menschlich bleiben, jedem gegenüber und unter allen Umständen, egal wie brutal sie auch sein mögen."

1. Auflage, Oktober 2016, 72 Seiten, Broschur
ISBN 978-3-95779-047-7, € 18,00

INFO3 VERLAG

Kirchgartenstr. 1, 60439 Frankfurt
Tel. 069-57 000 892, Fax +49-69-58 46 16

WWW.INFO3-VERLAG.DE